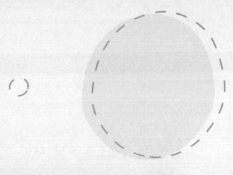

큰 은혜 성경보기

짧게 쉽게 편하게 보는 성경

| 문은석 지음 |

빅블레스

머리말

성경은 지금으로부터 대략 2,000년 전에 완성된 매우 오래된 책입니다. 세상에는 성경보다 더 오래된 책도 상당히 많습니다. 그런데 이러한 책들 중에서 옛날부터 지금까지 세상 많은 사람의 입에 꾸준히 오르내리는 책은 성경뿐입니다. 지금도 여전히 성경은 탐구와 칭찬과 비난의 대상이 되고 있는 것입니다. 그러므로 성경이 궁금한 사람이든, 성경을 좋아하는 사람이든, 성경을 싫어하는 사람이든 일단 성경을 알아둘 필요가 있습니다.

성경은 분량이 많은 편이라서 성경 전체를 읽고 그 내용을 아는 일이 절대 쉽지 않습니다. 특이하게도 성경은 모든 페이지에 사람 이름이 들어 있을 정도로 사람 이야기로 가득 차 있습니다. 이 때문에 성경을 중요한 인물 위주로 간추리면 전체 내용을 상당히 쉽게 알 수 있습니다.

이 책은 복잡한 성경 이론이나 지식을 다루지 않았습니다. 성경 주요 인물을 중심으로 성경 전체 내용을 상식적으로 이야기했습니다. 인간 생활에 관한 상식이 있는 사람이라면 누구나 이 책을 통해 쉽고 편하게 성경을 이해하고 정리할 수 있을 것입니다.

성경을 제대로 알고, 성경에 대한 오해를 없애고, 기독교와 교회를 올바로 이해하는 일에 이 책이 많은 도움이 되기를 진심으로 기대합니다.

2024년 3월
저자 문 은 석

목 차

1. 아담과 하와

선과 악

성경은 하나님이 이 세상과 사람을 만든 일을 알리면서 그 내용이 시작됩니다. 하나님은 자신이 만든 세상 모든 것을 좋게 보았습니다.

> 하나님이 지으신 그 모든 것을 보시니 보시기에 심히 좋았더라. 저녁이 되고 아침이 되니 이는 여섯째 날이니라.
>
> 〈창세기 1장 31절, 하나님의 선악〉

사람들이 흔히 말하는 '선'은 사람이 보기에 착하고 올바른 일, '악'은 나쁘고 올바르지 않은 일을 뜻합니다. 그런데 성경에서 말하는 '선'은 사람이 보기에 좋은 것이 아니라 하나님이 보기에 좋은 것을 뜻합니다. 반대로 성경에서 말하는 '악' 혹은 '죄'는 하나님이 보기에 나쁜 것을 뜻합니다.

특이한 점은 하나님이 자신의 창조물 중에서 오직 사람에게만 은혜를 주었다는 사실입니다.

> 하나님이 자기 형상 곧 하나님의 형상대로 사람을 창조하시되
> 남자와 여자를 창조하시고 하나님이 그들(사람)에게 복(은혜)을
> 주시며 그들에게 이르시되 생육하고 번성하여 땅에 충만하라. …
> 〈창세기 1장 27~28절, 사람에게만 은혜〉

하나님은 수많은 창조물 중 사람에게만 특별한 관심을 가졌고 특별한 혜택을 주었습니다. 그래서 사람은 누구나 하나님의 은혜를 받을 수 있습니다.

아담과 하와의 죄

하나님의 은혜를 받으며 이 세상에 살았던 처음 사람은 '아담과 하와'였습니다. 아담과 하와는 에덴동산이라는 풍요로운 곳에서 살았습니다. 하나님은 에덴동산 나무 열매를 마음껏 먹어도 되지만 '선악과'라는 나무 열매는 먹지 말라고 명령했습니다. 선악과를 먹으면 반드시 죽는다고 말했습니다.

어느 날 뱀은 하와에게 다가와 선악과를 먹어도 죽지 않는다고 말했습니다. 뱀은 하나님의 말씀과 정반대로 말했습니다. 뱀은 선악과를 먹으면 죽기는커녕 오히려 똑똑해져서 하나님처럼 대단한 존재가 된다고 말했습니다. 아담과 하와는 하나님 명령을 어기고 선악과를 먹었습니다. 두 사람은 하나님과 뱀 중에서 뱀을 믿고

따랐습니다. 이처럼 하나님이 아닌 다른 존재를 하나님보다 더 믿고 따르는 일을 흔히 '우상 숭배'라고 합니다. 아담과 하와는 하나님 명령을 어기고 뱀을 우상 숭배하면서 하나님을 함부로 대했습니다.

하나님과 뱀 중에서 누구 말을 믿어야 하는지는 사실 어려운 문제가 아니었습니다. 하나님은 뱀과 감히 비교할 수 없을 만큼 훨씬 높은 분입니다. 사람이 뱀이 아닌 하나님 말을 믿는 것은 당연한 일이었습니다.

하나님은 두 사람에게 많은 규칙을 주지 않았습니다. '선악과 열매 먹지 않기'라는 단 하나의 규칙만 주었습니다. 많은 규칙을 모두 지키는 것은 어려운 일이지만 단 하나의 규칙을 지키는 것은 할 만한 일입니다.

'무언가를 하지 않는 것'은 '무언가를 하는 것'에 비해 훨씬 쉽습니다. 만약 하나님이 정한 규칙이 선악과를 매일 먹는 것이라면, 몸이 아프거나 먹기 싫어도 선악과를 일부러 계속 먹어야만 합니다. 매우 버거운 일입니다. 그러나 선악과를 먹지 않는 것은 수많은 열매 중에서 선악과 열매만 조심하면 되는 비교적 쉬운 일이었습니다.

하나님은 아담과 하와에게 어려운 일을 시키지 않았습니다. 두 사람은 충분히 할만한 일을 감당하지 못했습니다.

아담과 하와는 이렇게 어처구니없는 잘못을 왜 저지른 것일까요? 두 사람이 하나님 말을 따르며 선악과를 먹지 않으면 죽음의 벌을 받지 않습니다. 이 선택은 두 사람에게 죽음이라는 큰 손해를 피할 뿐 특별한 이득이 되지 않습니다. 그러나 두 사람이 뱀의 말을 따르며 선악과를 먹으면 '하나님처럼 대단한 존재가 된다'라는 큰 이득을 기대할 수 있습니다. 아무래도 두 사람은 자기에게 닥칠 큰 손해는 생각하지 않고 자기가 얻을 크고 특별한 이득에만 관심을 가졌나 봅니다.

사람이 자기 이득에 관심을 두는 것은 사람으로서 자연스러운 태도입니다. 그러나 지나친 욕심을 부리면서 큰 이득을 무리하게 얻으려고 하면 아담과 하와처럼 상대방 거짓말에 쉽게 속거나 우상 숭배의 길을 가기 쉽습니다. 우리는 아담과 하와가 저지른 잘못을 항상 기억하여 생활하면서 그런 잘못을 따라 하지 않게 조심해야 합니다.

죄와 벌

잘못한 아담과 하와에게 하나님이 직접 찾아왔습니다. 하나님은 두 사람에게 바로 벌주지 않고 "네가 어디 있느냐?"라고 물었습니다. 하나님은 두 사람이 스스로 자기 잘못을 고백하고 용서를 빌 기회를 준 것이었습니다.

아담과 하와는 선악과를 먹었다고 고백했습니다. 아담은 하와 탓을 했고, 하와는 뱀 탓을 했습니다. 두 사람은 비록 남 탓을 했지만 사실을 말했습니다. 사람이 자기 손해를 줄이려고 거짓말로 변명하는 것은 잘못이지만 참말로 변명하는 것은 잘못이 아닙니다. 두 사람의 고백은

썩 좋은 고백은 아니었지만 그리 나쁜 고백도 아니었습니다.

그러나 두 사람이 자기 잘못을 인정하지 않은 것은 큰 문제가 되었습니다. 자기에게 잘못이 없다고 생각했으니 용서를 빌지도 않았습니다. 아담은 남 탓하며 하나님에게 변명하더라도 '자기가 직접 선악과를 먹은 것'과 '자기가 하나님의 말을 하찮게 여기고 뱀의 말을 따른 것'을 인정하고 용서를 빌어야 했습니다. 하와도 마찬가지였습니다.

하나님은 약속대로 두 사람에게 벌을 주었습니다. 그 벌은 죽어서 흙으로 돌아가는 것, 자녀를 낳을 때 고통받는 것, 평생 일하고 사는 것, 세 가지였습니다. 애초에 하나님은 사람이 선악과를 먹은 죄로 죽음의 벌 한 가지만 정했습니다. 출산의 고통과 평생 일하는 수고의 벌은 미리 정한 벌이 아니었습니다. 두 사람은 선악과 사건으로 예정보다 더 큰 벌을 받게 되었습니다.

아담과 하와는 하나님을 일부러 무시하려고 선악과를 먹은 것이 아닙니다. 자기 짝을 일부러 망하게 만들려고 선악과를 먹은 것도 아닙니다. 과일 하나 몰래 먹은 일은 사람이 역사적으로 저질렀던 나쁜 일에 비하면 그리 심각한 잘못도 아닙니다. 그런데도 선악과 사건이 큰 벌을 받는 심각한 사건이 된 이유는 고의가 아니었어도 두 사람의 행동은 하나님에게 너무 무례했고 그것은 하나님이 보기에 나쁜 일인 죄가 되었기 때문이었습니다.

인간 사회에서 죄는 나쁜 의도로 한 행동이 아니면 죄로 여기지 않거나 받을 벌을 상당히 줄여 줍니다. 그러나 성경에서 죄는 나쁜 의도로 한 행동이 아니어도 그 결과가 죄가 되면 죄에 대한 책임을 처음에 정한 대로 지게 됩니다. 하나님은 예전에 정했던 대로 두 사람에게 죽음과 관련된 벌을 주었습니다.

거기에 '우상을 숭배한 일과 자기 잘못을 제대로 사과하지 않은 일' 때문에 벌이 더 늘었습니다. 하나님이 어떤 일로 벌을 주었다는 것은 하나님이 그 일을 죄로 보았다는 뜻입니다. 우리는 우상 숭배와 용서를 제대로 구하지 않는 것이 죄가 된다는 것을 두 사람이 받은 벌을 통해 알 수 있습니다.

하나님은 뱀에게도 벌을 내렸습니다. 그 벌은 저주받고 평생 배로 기어다니는 것이었습니다. 하나님은 뱀이 거짓말로 사람을 죄짓게 하고 벌 받게 만든 일, 즉 '사람을 괴롭힌 일'을 흥미롭게 여기지 않았습니다. 하나님은 그런 일을 벌 받는 일, 즉 죄로 보았습니다.

하나님은 두 사람에게 벌을 주었지만 위로도 주었습니다. 하나님은 벌 받은 두 사람에게 가죽옷을 지어 입혔습니다. 가죽옷은 벌거벗은 사람의 부끄러움을 없애 주고, 일하는 사람을 보호해 주었습니다. 하나님은 사람이 벌을 감당하는 일에 도움이 되는 방향으로 사람을 위로했습니다. 사람은 선악과 사건으로 인해 하나님 사랑에 실패했지만, 하나님은 사람을 위로하면서 사람을 계속 사랑했습니다. 그만큼 하나님의 사람에 대한 사랑은 매우 컸습니다.

선악과 사건은 하나님이 사람에게 죄에 대해 확실히 알려준 사건입니다. 하나님은 '하나님 명령을 어긴 것, 우상 숭배, 사람 괴롭힘'을 죄로 보았습니다. 여기서 선악과에 관한 하나님 명령은 아담과 하와에게만 준 특별한 명령이기에 일반적인 죄는 '우상 숭배'와 '사람 괴롭힘' 두 가지입니다. 성경 전체에서 나타나는 죄 문제는 사실상 이 2가지 범위를 거의 벗어나지 않습니다.

하나님의 자녀 교육

하나님은 자신의 창조물 중에서 사람에게만 은혜와 벌을 주었습니다. 하나님이 사람을 많이 사랑했기 때문이었습니다. 만약 하나님이 죄지은 사람을 미워하기만 했다면 모든 창조물 중 사람만 없애면 그만이었습니다. 하지만 하나님은 그러지 않았습니다. 하나님은 사람을 벌주고 위로했습니다. 사람을 죄의 길이 아닌 은혜의 길로 가게 하려고 친히 가르쳤습니다.

하나님은 자녀를 만들고, 적은 규칙을 주었으며, 규칙을 어길 때는 정한 대로 벌주었고, 벌준 뒤에는 위로했습니다. 선악과 사건을 다루는 하나님의 이런 모습은 하나님이 사람에게 직접 보여 준 '자녀 교육 방법'이기도 합니다. 세상에는 좋은 자녀 교육법이 많지만 하나님이 친히 보여 준 자녀 교육법이야말로 부모와 자녀 모두에게 부작용이 없으면서 사랑이 풍부하고 질서가 있는 교육법입니다. 이런 교육

방법을 통해 자녀 양육에 후회가 적은 부모가 되기를, 그리고 지혜와
용기를 가지고 자라는 자녀가 되기를 바랍니다.

2. 가인과 아벨

가인과 아벨의 제사 사건

하나님이 직접 만든 첫 사람이 아담과 하와라면, 사람이 직접 낳은 첫 사람은 '가인'과 '아벨'이었습니다. 평생 일해야 먹고살 수 있다는 하나님 명령에 따라 가인과 아벨은 일하며 살았습니다. 형 가인은 농사일을 맡았고, 동생 아벨은 양 치는 일을 맡았습니다.

아담과 하와, 가인과 아벨이 살았던 시대에 사람이 먹는 음식은 식물뿐이었습니다. 훗날 노아의 홍수 사건이 있고 나서야 비로소 사람은 동물을 먹을 수 있었습니다.

> 하나님이 그 사람(아담)에게 명하여 이르시되 동산 각종 나무의
> 열매는 네가 임의로 먹되.
>
> (창세기 2장 16절, 아담 시대의 음식)

가인은 음식을 담당했고 아벨은 양털이나 기름 얻는 일을 담당했습니다. 사람은 옷이나 기름 없이는 살 수 있어도 음식 없이는 살 수 없습니다. 음식을 담당했던 가인이 생활용품을 담당했던 아벨보다

훨씬 더 중요한 역할을 맡았습니다.

농사를 짓거나 양을 키우는 사람이 기대한 소득을 얻으려면 열심히 일해야 합니다. 그런데 갑자기 지진이나 홍수가 나거나, 농작물이나 양이 병 들거나, 사람이 큰 병에 걸리면 어쩔 수 없이 기대했던 소득을 얻지 못합니다. 이렇게 자기 노력만으로 해결하지 못하는 부분은 하나님의 은혜가 필요하다고 볼 수 있습니다. 이러한 이유로 소득을 얻었을 때는 성실하게 일한 자신을 칭찬하는 일과 더불어 하나님에게 감사드리는 일이 매우 중요합니다.

가인과 아벨은 하나님에게 감사를 드리는 방법으로 제사를 지냈습니다. 제사는 제물을 바치는 일을 말합니다. 그런데 하나님은 땅의 열매를 드린 가인의 제사는 받지 않았고 첫 새끼 양을 드린 아벨의 제사만 받았습니다.

제사는 정성껏 준비한 제물과 진심을 담은 마음으로 지내야 합니다. 하나님이 가인의 제사를 받지 않은 것은 아무래도 가인이 정성이 부족한 제물을 드렸거나 진심으로 감사하는 마음이 부족했나 봅니다. 안타깝게도 형 가인은 동생 아벨보다 훨씬 더 중요한 일을 맡았지만 감사는 오히려 더 적었습니다.

가인의 죄

가인은 하나님에게 거절당한 사람이 되었습니다. 특히 동생 아벨의 제사만 하나님에게 인정받았기에 가인은 동생보다 뒤처진 사람이 되었습니다. 가인은 화가 났습니다. 하나님은 이런 가인에게 죄짓지 말라고 경고했습니다. 하나님의 경고에도 불구하고 가인은 아벨을 들판에서 해쳤습니다.

사람이 거절당하거나 다른 사람보다 뒤처지면 화가 나기 마련입니다. 가인이 화가 난 것은 사람으로서 자연스러운 반응입니다. 그런데 가인은 하나님과 자기 동생에게 화내기보다 잘못을 저지른 자기 자신에게 화내야 했습니다. 가인이 자기 잘못을 인정하고 다음번에 제대로 된 제사를 지내기만 하면 좋게 해결할 수 있는 사건이었습니다.

동생 아벨은 형 가인에게 잘못하지 않았습니다. 단지 하나님에게 정성과 진심으로 제사를 지냈을 뿐이었습니다. 가인은 그런 동생을 자기 기분이 나쁘다는 이유만으로 해쳤습니다. 게다가 가인은 여러 명도 아닌 단 한 명뿐인 동생과 함께 살면서 서로 사이좋게 지내지 못했습니다.

사람은 자기 기분이 나쁘다고 상대방을 괴롭힐 수 있고, 자신이 잘못하지 않아도 상대방에게 괴롭힘당할 수 있으며, 몇 명 되지 않는 사람과 함께 지내는 것조차 힘겹기도 합니다. 이처럼 사람이 다른 사람과 함께 생활하는 것은 꽤 어려운 일입니다. 가족이나 친구와 함께 지내면서 뜻하지 않게 서로에게 상처를 주고받는 일이 누구나 있을 것입니다.

벌과 위로

선악과 사건에서 뱀이 사람을 괴롭힌 일로 벌 받은 것처럼, 가인은 사람을 해친 일로 벌 받게 되었습니다. 하나님은 죄지은 가인에게 벌주기 전에 "동생이 어디 있느냐?"라고 먼저 물었습니다. 이것은 하나님이 아담에게 벌주기 전에 "아담아 네가 어디 있느냐?"라고 말했던 것과 비슷합니다. 하나님은 가인에게도 자기 죄를 고백하고 뉘우칠 기회를 주었습니다. 사실을 말했던 아담과 달리 가인은 하나님에게 모른다고 거짓을 말했습니다. 자기 잘못을 고백조차 하지 않았으니 당연히 죄를 인정하지도 용서를 빌지도 않았습니다.

아담은 '일해야 먹을 것이 생긴다'라는 벌을 받았지만, 가인은 '일해도 먹을 것이 생기지 않는다'라는 더 큰 벌을 받았습니다. 사실상 사형선고나 다름없는 죽음의 벌이었습니다. 가인은 열심히 농사지어도 열매를 얻지 못하므로 다른 사람이나 동물이 버린 음식을 주워 먹으며 거지처럼 살아야 했습니다. 가인은 하나님에게 벌이 너무 무겁고, 더이상 하나님을 만나지 못하며, 먼 훗날 자기도 다른 사람에게 죽게 될 것이라고 하소연했습니다.

> 주께서 오늘 이 지면에서 나를 쫓아내시온즉 내가 주의 낯을 뵈옵지 못하리니 **(하나님을 보지 못하니)** 내가 땅에서 피하며 유리하는 **(떠도는)** 자가 될지라 무릇 나를 만나는 자마다 나를 죽이겠나이다.
>
> 〈창세기 4장 14절, 가인의 하소연〉

여전히 가인은 자기 죄를 사과하지 않았고, 동생에게 미안해하지도 않았으며, 오직 자기가 앞으로 당할 손해만을 생각했습니다. 가인은 자기 자신만 중요하게 여기는 사람이었습니다.

이상하게도 하나님은 그런 가인에게 다른 사람이 가인을 해치지 못하게 도와주었습니다. 하나님은 좋은 점이라고는 하나도 없는 가인에게 큰 은혜는 아니지만 상당히 좋은 은혜를 주었습니다.

그 이유는 가인이 '하나님을 보지 못하고 사는 것', 즉 하나님과 하나님 은혜 없이 사는 것이 두렵다고 고백했기 때문이었습니다. 비록 자기 죄를 반성하는 고백이 아닌 자기 앞날만 생각하는 하찮은 고백이었지만, 하나님은 하나님을 의지하는 가인의 태도를 좋게 봐주었습니다.

사람은 누구나 가인이나 아벨이 될 수 있습니다. 같이 생활하는 사람 한 명조차 사랑하지 못하고 대단치 않은 이유로 상처 주고 괴롭히며 살 수 있습니다. 반대로 같이 생활하는 사람 한 명조차 자기가 감당하지 못해 상처받고 괴롭힘당하며 힘들게 살 수도 있습니다. 사람은 다른 사람과 함께 생활하면서 괴롭힘을 주고받는 일을 자기 마음대로 다루지 못합니다. 누구나 자기도 모르게 가해자 혹은 피해자로서 죄 가운데 허우적거리며 살 때가 많습니다.

이처럼 사람이 죄의 길에서 헤매지 않으려면 자기 스스로 하나님을 바라보며 살아야 합니다. 하나님을 의지하고, 하나님의 은혜를 바라며, 받은 은혜로 살면서, 죄의 길에서 조금씩 벗어나는 인생길을 가야 합니다.

쉬운 죄

가인이 제대로 된 제사를 지내지 않았을 때 하나님은 가인의 제사를 받지 않았을 뿐 가인에게 벌주지 않았습니다. 하나님은 가인이 동생 아벨을 잘 돌보지 않았다고 벌주지 않았습니다. 동생을 괴롭히고 해친 일로만 벌주었습니다. 사람이 하나님이나 다른 사람에게 잘하지 않았을 때 하나님은 벌주지 않았습니다. 사람이 하나님이나 다른 사람에게 심하게 잘못했을 때만 하나님은 벌주었습니다.

하나님은 사람이 대단한 일을 하거나 무언가를 잘해서 은혜를 주지 않았습니다. 하나님은 사람을 그저 사랑하기에 은혜를 주었습니다. 하나님은 사람이 죄지을 때만 벌주었습니다. 사람은 자기가 죄만 짓지 않아도 기본적으로 받는 하나님의 은혜가 있기에 잘 살 수 있습니다. 그러나 죄를 지으면 하나님의 벌이 있으므로 잘 살 수가 없습니다. 이 세상에서 잘나고 대단한 사람이 되는 것도 좋겠지만, 무엇보다 죄짓지 않는 사람이 되는 것이 중요합니다.

하나님은 대단히 높은 존재라서 사람이 하나님에게 함부로 대하는 일이 그리 많지 않습니다. 그 대신 사람은 약한 존재라서 사람이 다른 사람에게 함부로 대하는 일이 상당히 많습니다. 하나님에게 자기 제사를 거절당했던 가인이 하나님에게 따지지 않고 동생에게 화풀이했듯이, 사람은 하나님보다 자기 주변 사람에게 죄짓기가 쉽습니다. 그러므로 자기와 가까운 사람인 가족이나 이웃, 직장동료에게 함부로 대하지 않도록 항상 조심할 필요가 있습니다. 우리는 이런 죄를 점점 줄여 가면서 하나님 은혜를 점점 제대로 받는 사람이 됩시다.

3. 노아

죄짓지 않은 노아

선악과 사건과 가인 사건으로 하나님은 사람에게 죄와 벌에 대해 가르쳐 주었습니다. 그러나 사람은 하나님이 가르쳐 준 것을 잊고 죄짓는 일을 계속했습니다. 결국 세상은 사람의 죄로 가득 차게 되었습니다. 하나님은 그동안 죄지은 사람에게 죽음과 관련된 벌을 주었습니다. 하나님은 이번에도 죄로 물든 세상 사람에게 죽음의 벌을 주려고 했습니다. 그 벌은 큰 홍수로 땅 위의 사람을 없애는 것이었습니다.

그런 시대에 '노아'라는 사람이 있었습니다. 성경은 그를 옳은 사람(의인), 완전한 사람, 하나님의 뜻을 따르는 사람(하나님과 동행)으로 소개합니다. 노아는 아마도 특별하고 대단한 사람이었기에 이런 평가를 받았을 것입니다.

> 이것이 노아의 족보니라 노아는 의인이요 당대에 완전한 자라 그는 하나님과 동행하였으며…
>
> 〈창세기 6장 9절, 노아의 성품〉

옳은 사람이나 완전한 사람은 지식과 성품이 매우 뛰어난 사람, 전혀 실수가 없는 사람으로 생각하기 쉽습니다. 그런데 애당초 사람은 항상 옳거나 완전할 수 없으며 누구나 자기만의 어설픈 부분이 있기 마련입니다. 노아 역시 사람이었습니다. 다만 세상 모든 사람이 죄짓고 살았을 때 노아만 죄짓지 않고 살았다면 노아를 다른 사람에 비해 옳은 사람, 완전한 사람으로 볼 수 있습니다. 게다가 사람이 죄짓지 않는 것이 하나님의 뜻이기에 노아를 하나님의 뜻을 따르는 사람으로도 볼 수 있습니다. 결국 특별하고 대단한 사람만 노아처럼 하나님의 좋은 평가를 받는 것이 아닙니다. 죄에서 벗어나는 사람일수록 하나님이 보기에 옳은 사람, 하나님의 좋은 평가를 받는 사람이 됩니다.

배와 홍수

하나님은 죄짓지 않은 노아를 선택하여 그에게 특별 명령을 내렸습니다. 하나님은 대홍수로 세상을 모두 청소할 계획이니 큰 배를 만들어 모든 동물의 일부와 노아 가족을 실으라고 지시했습니다.

하나님이 큰 배를 직접 만들어 주지는 않았기에 배 만들기는 노아가 결정할 문제였습니다. 노아는 하나님 명령에 따라 큰 배를 만들었습니다. 배의 크기는 가로가 축구장 한 개 반, 세로가 축구장 절반, 높이는 7층 아파트 정도였습니다. 매우 오랜 시간과 큰 노력이 들었습니다. 노아가 하나님의 선택을 받았다고 해서 우쭐거리기만 하고 하나님이 시킨 것을 하지 않아도 괜찮은 것은 아니었습니다. 하나님 명령을 따르려는 자기 결심과 성실한 노력이 필요했습니다. 이것은 살기 위해서 일하라는 하나님 명령과도 관계가 있었습니다.

대홍수가 시작되고 많은 사람이 죽음으로 죗값을 치렀습니다. 노아와 그 가족은 벌을 피했지만 그렇다고 편하게 살아남지는 않았습니다. 충격적이고 절망스러운 심판을 직접 경험했고 홍수가 끝난 뒤에 거칠고 메마른 땅을 새로 가꾸며 살아야 했습니다. 그들은 특별한 혜택을 받았지만 감당해야 하는 큰 어려움도 있었습니다. 세상이 망하면 어떻게든 자신이나 자기 가족에게 피해가 생깁니다. 세상이 위험에 빠지는 것을 자기 혼자서 막을 수는 없겠지만 그런 일에 관심을 가질 필요는 있습니다.

홍수 사건이 끝나고 하나님은 노아에게 경고와 약속과 위로를 하면서 사건을 정리했습니다. 하나님은 사람에게 다른 사람을 해치지 말라고 경고했습니다. 아무래도 대홍수가 있기 전에 사람들이 서로를 해치는 일이 많았나 봅니다. 하나님은 그런 죄를 저지른 사람에게 벌준다고 말했습니다. 하나님은 앞으로 죄 때문에 땅 위의 모든 생물을 홍수로 없애지 않는다고 약속했습니다. 그 증거로 무지개를 하늘에 두었습니다. 아무래도 하나님은 죄인의 멸망이라도 통쾌하게 여기기보다는 안타깝게 여겼나 봅니다.

하나님은 자녀를 많이 낳고 번성하라고 격려해 주었습니다. 그리고 사람에게 육식을 허락하면서 사람을 위로했습니다. 대홍수로 많은 것이 망해 버린 상황에서도 하나님은 인간과 사회가 다시 크게 성장할 수 있다는 희망을 주었습니다. 하나님은 사람에게 식물과 더불어 동물까지 먹게 허락하면서 사람을 달래 주었습니다. 사람은 이제 더욱 다양하게 음식을 즐기게 되었습니다.

> 모든 산 동물은 너희의 먹을 것이 될지라 채소 같이 내가 이것을 다 너희에게 주노라.
>
> 〈창세기 9장 3절, 노아 시대의 음식〉

특별한 신체 부작용이 없다면 채식주의자나 육식주의자처럼 한 종류의 음식만 먹는 것보다 다양하게 음식을 먹는 것이 하나님이 준 은혜를 잘 이용하는 일입니다.

하나님이 죄에 물든 세상을 완전히 없애려고 할 때, 한 명의 옳은 사람 때문에 하나님은 사람이 계속 이 세상에서 살게 해 주었습니다. 그만큼 하나님은 죄짓지 않는 사람을 굉장히 가치 있게 보았습니다. 자신이 특별하고 대단한 사람이 되는 것도 매우 좋은 일이겠지만, 죄짓지 않는 사람이 되는 것이 자기 자신과 가족, 후손 그리고 세상에 훨씬 더 좋은 일이 됩니다. 죄의 길에서 벗어나 복 있는 사람이 되어 가족과 세상에서 인정받고 쓸모 있는 사람으로 살길 바랍니다.

4. 아브라함

바벨탑

노아 시대 이후로 세상에 다시 많은 사람이 살게 되었습니다. 세상 사람들은 큰 도시와 높은 탑을 만들어 그것을 자랑하고 서로 모여 살기를 원했습니다. 그들은 이 세상에 하나의 거대한 나라를 세우려고 한 것이었습니다. 그것을 본 하나님은 사람의 언어를 각각 다르게 만들어 그 일을 막았습니다. 같은 언어를 쓰는 사람들을 '민족'이라고 합니다. 이 사건 때문에 세상 사람들은 같은 민족끼리 각각 모여 세계 방방곡곡으로 흩어졌습니다. 이 세상은 큰 하나의 나라가 아닌 작고 많은 나라를 이루게 되었습니다.

만약 한 나라 안에 세상의 모든 사람이 산다면, 그 나라가 죄에 물들 때 세상 모든 사람이 죄의 길을 가게 됩니다. 그러면 또다시 하나님의 벌을 받아 세상 모든 사람이 멸망합니다. 그러나 사람이 많은 나라를 만들어 각각 따로 산다면 한 나라가 죄에 물들 때 그 나라만 벌을 받고 다른 나라는 벌을 피할 수 있습니다. 하나님은 언어를 나누는 방법으로 이 세상에 안전장치를 마련했습니다.

선택된 아브라함

하나님은 세상의 여러 나라, 많은 사람 중에서 '아브라함'이라는 사람을 특별히 선택했습니다. 하나님은 아브라함에게 살던 곳을 떠나 '가나안'이란 지역으로 떠나라고 명령했습니다. 가나안은 지중해 동쪽에 있는 오늘날 팔레스타인 지역의 옛 이름입니다. 하나님은 아브라함 가문으로 나라를 만들 계획을 세웠습니다.

> 내가 너로 큰 민족(나라)을 이루고 네게 복을 주어 네 이름을 창대하게 하리니 너는 복이 될지라.
>
> 〈창세기 12장 2절, 하나님이 아브라함에게 한 약속〉

하나님은 하나님의 은혜를 온 세상 사람에게 주는 일에 그 나라를 이용하려 했습니다. 음료수와 사람의 입을 연결시켜 주는 빨대처럼, 그 나라는 하나님 은혜와 세상 모든 사람을 연결해 주는 통로 역할을 맡은 셈입니다. 은혜의 통로가 되는 나라입니다.

> 아브라함은 강대한 나라가 되고 천하 만민은 그로 말미암아(그 나라를 통해) 복을 받게 될 것이 아니냐.
>
> 〈창세기 18장 18절, 그 나라의 역할〉

사실, 하나님은 사람에게 은혜를 직접 주었기에 굳이 중간에서 하나님 은혜를 받아 사람에게 건네주는 은혜의 통로 역할이 꼭 필요하진 않았습니다. 그런데 사람은 자꾸 죄지으면서 하나님의 벌을 받았기 때문에 그 은혜를 제대로 받지 못했습니다. 사람이 하나님 은혜를 온전히 받으려면 누군가가 사람에게 죄짓지 않는 길을 안내하고 가르칠 필요가 있었습니다.

처음에 하나님은 선악과 사건, 가인 아벨 사건, 노아 홍수 사건으로 사람에게 죄란 무엇인지 직접 알려주었습니다. 하나님은 죄의 대가로 무거운 벌을 사람에게 주면서 사람이 죄의 길로 가지 않게 직접 가르쳤습니다. 문제는 사람이 하나님에 비해 너무 연약하기에 하나님의 가르침을 제대로 배우지 못한 것이었습니다. 사람은 하나님의 벌을 감당하지 못하면서도 자꾸만 죄의 길을 갔습니다.

하나님은 직접 사람을 가르치는 방법보다 사람이 다른 사람을 가르치는 방법을 선택했습니다. 그래야 가르치는 쪽과 배우는 쪽의 차이가 심하게 나지 않아 사람이 제대로 배울 수 있기 때문이었습니다. 하나님은 은혜의 길과 죄의 길을 가르치는 사람을 따로 세워야 했습니다. 하나님은 세상 나라를 여러 개로 나눴기에 가르치는 사람이 아닌 가르치는 나라가 필요했습니다. 하나님은 믿음이 좋은 아브라함의 가문으로 그런 나라를 만들려고 했습니다. 하나님이 이런 일을 계획한 이유는 사람을 사랑했기 때문이었습니다.

자녀 문제

아브라함은 하나님 명령에 따라 가나안 지역으로 이사했습니다. 아브라함은 가나안과 그 주변 지역을 떠돌며 살았습니다. 아브라함이 가나안에 온 지 약 10년이 지났습니다. 여전히 아브라함은 자녀가 한 명도 없었습니다. 아브라함이 자기 가문으로 나라를 세우려는 하나님 명령을 지키려면 가문을 이을 자녀가 꼭 필요했습니다.

아브라함은 스스로 자녀 문제를 해결하지 못했습니다. 아브라함은 예전에 하인 한 명을 가문의 후계자로 정할 생각을 한 적도 있었습니다. 아브라함은 계속 나이가 들고 있었습니다. 이를 보다 못한 아내 '사라'는 아브라함이 더 늙기 전에 자녀를 얻도록 결단을 내렸습니다. 사라는 자기 여자 하인 '하갈'을 아브라함에게 주어 아브라함의 자녀를 낳도록 했습니다. 아브라함은 사라 말을 들었고 곧 아브라함과 하갈 사이에 아이가 생겼습니다. 결국 아브라함에게 아이가 없었던 이유는 사라 때문이었습니다. 하갈은 자기 아이로 아브라함 가문을 잇게 되자 임신하지 못했던 여주인 사라를 깔보았습니다.

아브라함 시대에는 한 남편이 여러 아내를 둘 수 있었습니다. 그런데도 아브라함은 자녀 문제를 해결하려고 아내를 더 들이지 않았습니다. 아브라함이 아내 사라를 매우 많이 사랑했기 때문이었습니다.

결국 사라와 하갈 사이에 다툼이 일어났습니다. 아브라함은 하갈과 그 속의 아이보다 사라 편을 들었습니다. 사라는 하갈을 구박했고 아브라함은 그런 사라를 막지 않았습니다. 절망에 빠진 하갈은 임신한 채로 도망쳤습니다. 아브라함 가문의 자녀 문제는 다시 원점으로 돌아갔습니다.

도망가던 하갈은 천사를 만났습니다. 천사는 사람의 한계를 뛰어넘는 존재로서 사람을 돕거나 은혜의 길로 이끄는 일을 주로 합니다. 천사는 하갈에게 집으로 돌아가 아이를 낳으라고 말했습니다. 하갈은 아브라함에게 돌아가 아이를 무사히 낳았습니다. 그 아이 이름은 '이스마엘'이었습니다. 아브라함 가문의 자녀 문제는 가까스로 위기를 넘겼습니다.

아브라함 가문의 임무

하나님은 아브라함 가문 사람들에게 지금부터 대대로 '할례' 의식을 하라고 명령했습니다. 할례는 남성의 성기 일부분을 잘라내는 의식입니다. 남성 포경 수술과 비슷합니다. 할례는 아무리 닦아도 지워지지 않는 표시입니다. 하나님은 아브라함이 죽은 후에도 그 가문이 나라 세우는 임무를 잊지 않고 계속 이어가게 하려고 할례를 시켰습니다. 할례는 아브라함 가문의 전통이 되었습니다.

어느 날 하나님이 천사 2명과 함께 아브라함을 찾아왔습니다. 그때 하나님은 많은 사람 중에 아브라함을 선택한 이유를 말해 주었습니다.

하나님은 아브라함을 자기 가문 사람들에게 하나님의 길을 제대로 가르치는 사람으로 보았기 때문이었습니다. 이제 아브라함 가문 사람들이 해야 할 일은 하나님의 계획을 항상 기억하고 아브라함에게 배운 은혜의 길을 성실히 따라가는 것이었습니다.

내가 그로 그 자식과 권속에게 명하여 여호와의 도를 지켜 의와 공도를 행하게 하려고 그를 택하였나니.

〈창세기 18장 19절, 아브라함이 선택된 이유〉

- 하나님은 아브라함이 자기 가문을 가르쳐 하나님의 길을 따르게 하려고 그를 선택했다.

하나님은 아브라함에게 은혜의 길을 가라는 말씀과 함께 죄의 길을 간 도시, 소돔과 고모라의 심판을 보여 주려 했습니다. 아브라함은 도시 안에 있는 선한 사람이 악한 사람 때문에 억울하게 함께 망하는 것을 걱정했습니다. 하나님은 선한 사람이 조금이라도 있다면 악한 사람이 매우 많아도 멸망시키지 않겠다고 말했습니다. 노아의 홍수 때 하나님이 노아라는 한 사람 때문에 사람과 세상을 완전히 멸망시키지 않고 다시 기회를 주었던 것처럼, 하나님은 선한 사람을 악한 사람보다 훨씬 더 귀하게 여겼습니다.

소돔과 고모라 도시는 죄로 온전히 물들어 결국 하나님의 심판을 받아 멸망했습니다. 하나님은 사람이 죄의 길을 가면 멸망하는 것과 이런 멸망을 막는 중요한 역할을 아브라함 가문이 맡았음을 알려주었습니다.

자녀 이삭

아브라함 가문의 후손이 단 한 명뿐인 불안한 상황에서 하나님은 아이를 갖지 못한 사라에게 임신을 약속했습니다. 사라는 나이가 많이 들었지만 하나님의 특별한 은혜로 아들 '이삭'을 낳았습니다.

시간이 흘러 어느 날 형 이스마엘은 동생 이삭을 놀렸습니다. 이것을 본 사라는 이스마엘과 그 어머니 하갈을 쫓아내고 싶었습니다. 아브라함은 두 아내의 다툼을 막지 못하고 괴로워하기만 했습니다. 아브라함이 가정 문제를 해결하지 못하자 하나님은 아브라함에게 하갈과 이스마엘을 내보내라고 결정해 주었습니다. 하나님은 이스마엘도 큰 나라를 만들 것이라 약속하면서 아브라함을 위로했습니다. 이삭은 혼자서 아브라함 가문을 잇게 되었습니다.

어느 날 하나님이 아브라함의 믿음을 시험했습니다. 하나님은 아브라함에게 아들 이삭을 태워 드리는 제물로 바치라고 명령했습니다. 제사하러 가는 길에 이삭은 아버지 아브라함에게 제물로 드릴 양에 대해 물었습니다. 아브라함은 "하나님이 어린양을 준비하실 것이다"라고 말했습니다. 이 말은 이삭의 질문에 대한 대답이지만 아브라함의 소원 기도이기도 했습니다.

아브라함이 하나님 명령대로 이삭을 죽이려고 할 때 천사가 아브라함을 말렸습니다. 아브라함은 나무에 걸린 숫양을 보고 그 양으로 제사를 지냈습니다. 하나님 명령을 따르면서 아들을 살리고자 기도했던 아브라함은 하나님의 어려운 시험을 통과했습니다. 아브라함은 하나님 명령에 순종하면서 하나님 사랑을, 그리고 아들을 살리기 위해 기도하면서 사람 사랑을 해냈습니다.

이 사건은 하나님이 사람에게 준 매우 특별한 시험이었습니다. 오직 아브라함에게만 이런 시험을 주었고 그 이후에 다른 사람에게는 이와 비슷한 시험을 주지 않았습니다.

아브라함의 성공

하나님은 아브라함 가문으로 나라 세우는 일을 아브라함과 약속했습니다. 이 약속은 하나님의 계획이므로 그 일 대부분은 하나님이 직접 할 일이었습니다. 아브라함의 역할은 자녀를 낳아 가문을 유지하면서 하나님이 일할 때를 기다리는 것이었습니다.

아브라함은 하나님 은혜로 어려운 시기를 넘기고 재산도 얻었지만 자녀를 낳아 가문을 잇는 가장 중요한 일을 오랫동안 해결하지 못했습니다. 이런 상황에서 아브라함은 실망하거나 무기력하게 있으면서 하나님과의 약속을 제대로 지키지 못한 때도 있었습니다.

아브라함은 아내 사라를 많이 사랑했지만 또 다른 아내 하갈을 그만큼 사랑하지는 못했습니다. 가족끼리 다툼이 일어났을 때 가장으로서 질서를 제대로 잡지 못한 때도 있었습니다.

이처럼 아브라함은 하나님과 사람에 대한 사랑을 완벽하게 해낸 사람은 아니었습니다. 하지만 아브라함은 하나님을 두려워하고 사람을 너그럽게 대하는 사람이었습니다. 아브라함은 특별하고 대단한 능력을 갖춘 사람은 아니었지만 선하고 좋은 사람이었습니다. 이런 그의 인생은 자기 가문 사람에게 바람직한 가르침이 되었습니다. 아브라함은 비록 한 명의 자녀를 낳아 가문을 간신히 유지했지만 하나님이 맡긴 일을 성공적으로 감당했습니다.

아브라함 가문으로 나라를 세우는 일은 아브라함이 죽고 수백 년이 지나야 이루어지는 일이었습니다. 아브라함은 생전에 그 일을 직접 보지 못했지만 하나님이 그 일을 언젠가 할 것을 믿었습니다. 하나님은 아브라함의 이런 믿음을 옳게 보았습니다. 그 때문에 많은 사람이 아브라함을 '믿음의 조상'으로 부릅니다.

5. 이삭

이삭 가족

아브라함은 아들 이삭을 결혼시키려고 자기 하인을 고향 친척 집으로 보냈습니다. 하인은 많은 재물을 가지고 아브라함의 고향으로 갔습니다. 그곳에는 친척 '라반'과 '리브가'가 있었습니다. 라반과 리브가는 남매였습니다. 리브가는 자기 집을 떠나 이삭과 결혼했습니다.

리브가는 사라처럼 아이를 갖지 못하는 몸이었으나 이삭의 기도로 하나님 은혜를 받아 임신했습니다. 이삭은 자녀 문제를 해결하기 위해 다른 아내를 얻을 수도 있었지만 사랑하는 리브가와 함께 아이 낳기를 기도했고 하나님은 그 소원을 들어주었습니다. 하나님은 이삭 가문을 잇는 일에 이삭이 원하는 방향으로 맞춰 주었습니다.

리브가는 쌍둥이 남자를 낳았습니다. 형 이름은 '에서', 동생 이름은 '야곱'이었습니다. 사실 쌍둥이는 첫째 둘째의 구분이 그리 중요하진 않습니다. 에서는 야생적인 성격에 사냥을 좋아했고 야곱은 조용한 성격에 집안 생활을 좋아했습니다. 아버지 이삭은 에서를 더 사랑했고, 어머니 리브가는 야곱을 더 사랑했습니다.

붉은 죽 사건

어느 날 사냥에서 돌아온 에서는 몹시 배가 고팠습니다. 에서는 붉은 죽을 요리하는 야곱을 보았습니다. 에서는 야곱에게 음식을 요구했고 야곱은 그 대가로 '맏아들의 권리'를 요구했습니다. 맏아들의 권리란 아버지의 후계자로 결정되어 가문의 중요한 일을 맡는 자격입니다. 주로 첫째 아들이 그 권리를 얻고 아버지가 그 아들을 지지하면서 후계자가 될 때가 많습니다. 에서는 큰아들이면서 아버지가 사랑한 자녀였기에 이미 후계자나 마찬가지였습니다.

배고픈 에서는 야곱의 제안을 받아들이고 그 음식을 먹었습니다. 그런데 현실적으로 자녀끼리 후계자 권리를 거래한 것은 그다지 효과가 딱히 없습니다. 후계자가 되는 것은 자녀가 아닌 아버지가 결정하는 일이기 때문입니다. 아무래도 야곱은 '형 에서는 가문의 후계자 일에 관심이 없다'라는 것을 아버지 이삭에게 보여 주고 싶었나 봅니다.

맏아들의 권한은 죽 한 그릇으로 사고팔 만큼 하찮은 것이 아닙니다. 에서는 그 귀중한 권리를 하찮게 여기는 잘못을 저질렀습니다. 야곱은 거래할 수 없는 맏아들의 권리를 거래할 수 있는 것처럼 에서를 속였습니다. 야곱은 배고픔이라는 약점을 교묘히 사용하여 형을 가문의 일에 무책임한 사람으로 만들었습니다. 야곱은 자기 욕심 때문에 형에게 잘못을 저질렀습니다.

후계자 임명 사건

하나님은 아브라함 가문으로 나라를 만드는 것과 그 나라를 은혜의 통로로 삼을 것을 아브라함뿐만 아니라 그 아들인 이삭에게도 직접 약속했습니다.

이삭은 나이가 들면서 앞이 거의 보이지 않게 되었습니다. 흔히 '노인성 백내장'에 걸리면 이런 증상이 나타납니다. 이삭은 건강 문제로 가문의 지도자 역힐을 감당하지 못하게 되자 에서를 후계지로 삼으려 했습니다. 붉은 죽 사건이 있었어도 이삭의 마음은 전혀 변하지 않았습니다.

이삭은 에서에게만 짐승을 사냥해서 요리해 오는 후계자 시험을 치르게 했습니다. 이삭은 후계자 시험마저도 야곱보다 에서가 더 잘하는 사냥 요리로 정했습니다. 이삭의 생각과 달리 야곱을 가문의 후계자로 삼고 싶었던 이삭의 아내, 리브가는 그 말을 엿듣고 야곱을 불렀습니다. 리브가는 아들 야곱에게 거짓말과 속임수로 이삭을 속이라고 부추겼습니다. 야곱은 어머니의 제안을 거절하기는커녕 적극적으로 따랐습니다.

야곱은 에서처럼 변장하고 어머니가 만든 요리를 가지고 이삭을 만났습니다. 야곱은 이삭을 속이는 일에 성공했고 가문의 후계자가 되었습니다. 뒤늦게 온 에서는 이 사실을 알고 아버지 이삭에게 항의했지만 이삭은 결정을 되돌리지 않았습니다.

후계자 임명은 가문의 지도자 이삭의 권리였습니다. 리브라와 야곱은 억지로 이삭을 속여 그 권리를 빼앗았습니다. 야곱은 자기 욕심 때문에 아버지에게 잘못을 저질렀습니다. 게다가 이삭이 야곱에게 생각보다 빨리 요리를 가져온 이유를 물었을 때, 야곱은 하나님이 도와주었다고 거짓말할 정도로 하나님을 두려워하지 않았습니다. 하나님을 두려워하지 않는 사람은 자기 이득을 위해 하나님의 이름을 함부로 쓰기 쉽습니다. 이런 일은 우상 숭배는 아니지만 하나님에게 매우 무례한 태도입니다. 야곱은 하나님도 사람도 제대로 사랑하지 못한 사람이었습니다.

형 에서는 자기에게 두 번이나 큰 피해를 준 동생 야곱을 죽이려고 결심했습니다. 만약 가인과 아벨 사건처럼 형제 살인 사건이 다시 생기면 후계자 야곱은 죽고, 에서는 가문에서 쫓겨납니다. 이삭 가문은 더 이상 후손이 없어 가문이 끝장나고 하나님과의 약속에 실패합니다. 이처럼 나쁜 방법으로 자기가 원하는 것을 억지로 얻으려고 하면 이득보다 손해가 더 클 때가 많습니다.

이삭과 리브가는 그런 일을 피하려고 야곱을 외삼촌 라반의 집으로 피신시키려고 했습니다. 야곱은 당당하게 후계자로서 에서를 설득하거나 에서에게 맞서면서 자신과 가문을 지키려고 하지 않았습니다. 야곱은 도망가기로 결심했습니다. 야곱은 후계자 자리만 욕심냈지 그 자리를 책임질 생각은 없었습니다. 이런 야곱을 본 이삭은 가문의 앞날이 막막하게만 느껴졌을 것입니다.

이삭의 축복

절망스런 상황에서 이삭은 친척 집으로 떠나는 야곱에게 이렇게 기도해 주었습니다.

> 전능하신 하나님이 네게 복을 주시어 네가 생육하고 번성하게 하여(**많은 자녀를 얻고**) 네가 여러 족속을 이루게(**네가 많은 백성의 조상이 되게**) 하시고
>
> 〈창세기 28장 3절, 이삭의 기도〉

이삭은 아들 야곱이 자기에게 잘못했어도 그가 하나님 은혜를 받아 나라를 세우는, 가문의 중요한 역할을 이어가길 소망했습니다. 아무리 부모 자녀 사이라도 자기에게 심각한 거짓말을 하고 책임감이라곤 전혀 없는 자녀에게 이런 기도를 하기는 어렵습니다. 그러나 이삭은 야곱에게 저주를 퍼붓기보다 하나님의 은혜가 있기를 축복해 주었습니다. 이삭의 이 기도 이후로 야곱은 죄의 길이 아닌 은혜의 길을 가게 됩니다.

이삭은 하나님의 특별 은혜로 간신히 자녀 두 명을 낳았지만 아내에게 배신당하고 자녀에게 실망하면서 큰 상처를 받았던 사람이었습니다. 이런 상황은 이삭이 열심히 노력한다고 해서 해결할 만한 문제가 아닙니다. 이삭이 할 수 있는 일은 고작 화내거나 슬퍼하는

것뿐이었습니다. 게다가 자기에게 실망을 주는 사람을 자기 의지로 보듬고 희망을 찾기란 매우 어려운 일입니다.

그러나 이삭은 믿음으로 하나님의 약속을 간직했으며 가문을 버리고 도망가는 야곱에게 축복의 기도를 해 주었습니다. 절망의 순간에 자기가 할 수 있는 일이 딱히 없다면 모든 것을 내던지기보다는 하나님을 의지해야 합니다. 이것은 큰 결심이나 대단한 노력이 필요한 일이 아닙니다. 그저 하나님이 도와주길 바라면 되는 것입니다.

이삭은 자녀를 모두 잃고 가문이 끝날 뻔한 위태로운 상황에서 기도로 사건을 마무리했습니다. 그 결과 이삭은 자기 가문을 지키고 아버지 아브라함이 받은 하나님 약속을 계속 이어갈 수 있었습니다. 이삭은 아브라함의 후계자로서, 가문의 지도자로서, 두 자녀의 아버지로서, 하나님 약속을 지킨 사람으로서, 자기 역할을 충분히 감당해 냈습니다.

누구나 이삭처럼 살면서 자기 힘으로 감당하지 못하는 어려움을 만날 때가 있습니다. 그럴 때는 자신과 자기 주변 상황을 원망하거나 포기하기보다 하나님을 의지할 필요가 있습니다. 자기 인생에서 만나는 크고 작은 어려움을 하나님에게 기도하고 은혜를 받아 견뎌내어 자기가 맡은 역할을 잘 감당하길 바랍니다.

6. 야곱

가정을 이룬 야곱

야곱은 친척 집으로 가던 중 길에서 잠들었습니다. 꿈에서 하나님은 할아버지 아브라함과 아버지 이삭에게 했던 약속을 야곱에게도 똑같이 했습니다.

야곱은 친척 집에 무사히 도착했습니다. 친척 라반에겐 '레아'와 '라헬'이라는 두 딸이 있었습니다. 야곱은 동생 라헬을 사랑했습니다. 야곱은 라헬과 결혼하는 조건으로 7년 동안 라반을 위해 일했습니다. 약속한 기간이 지나자 라반은 야곱을 속여 언니 레아와 결혼하게 했습니다. 이 사건은 예전에 어머니 리브가와 야곱이 함께 아버지 이삭을 속인 것처럼, 라반과 레아가 함께 야곱을 속인 일입니다. 아버지를 속이고 마음의 상처를 주었던 야곱은 자기도 비슷한 상처를 받게 되었습니다.

야곱은 7년 더 일하고 라헬을 아내로 얻었습니다. 야곱은 자기를 속였던 레아보다 라헬을 더 많이 사랑했습니다. 하지만 야곱은 훗날 자기 자녀 12명 중에서 6명을 레아와 함께 낳았습니다. 아무래도 야곱이 레아를 라헬만큼 사랑하진 않았어도 어느 정도는 아내로 인정해 주었나 봅니다. 자기가 아버지 이삭을 속였어도 아버지가 자기에게 축복 기도해 준 기억은 야곱이 자신을 속인 레아와 함께 아이를 낳아 가문을 잇는 일에 많은 영향을 주었을 것입니다.

레아는 야곱과 함께 아이를 낳았지만 라헬은 아이를 낳지 못했습니다. 라헬은 아이를 갖지 못하는 몸이었습니다. 라헬은 자신의 여자 하인 '빌하'를 야곱의 아내로 삼아 아이를 낳게 했습니다. 라헬이 자기편을 만들어 레아를 견제하자 레아 역시 자신의 여자 하인 '실바'에게 같은 일을 시켰습니다. 나중에 하나님은 라헬에게 특별 은혜를 주어 아이를 낳게 해 주었습니다. 야곱은 친척 집에서 4명의 아내를 얻고 12명의 아들을 낳았습니다. 그중에서 레아의 아들 '유다', 라헬의 아들 '요셉'이 중요한 인물입니다. 야곱에게 많은 자녀가 있기를 축복했던 이삭의 기도는 현실이 되었습니다.

야곱의 사과

야곱은 라반의 가축을 관리해 주면서 친척 집에서 살았습니다. 야곱은 하나님 은혜로 라반의 가축을 매우 잘 길렀기에 라반을 부자로 만들어 주었습니다. 친척 집에서 생활한 지 약 20년이 지나자 야곱은 자기 가족을 이끌고 고향으로 돌아가려고 결심했습니다. 라반은 자기에게 큰 이득을 준 야곱을 보내려 하지 않았습니다. 야곱은 라반 몰래 자기 재산을 챙겨 가족과 함께 친척 집을 떠났습니다.

가나안으로 돌아가는 길에 야곱은 형 에서를 만났습니다. 에서는 이삭의 후계자 사건 이후로 이삭 가문에서 떨어져 나갔습니다. 야곱은 자기 때문에 상처받았던 형에게 그동안 모은 재산을 많이 주면서 정성껏 사과했습니다. 야곱이 형 에서에게 제대로 사과하자 에서는 야곱을 용서했고 야곱은 자신의 죄책감을 덜었습니다. 이 일로 야곱은 자기 가족을 지킬 수 있었습니다. 사람은 누구나 잘못을 저지를 수 있지만 올바른 사과가 뒤따른다면 자신도 상대방도 좋은 방향으로 나아가게 됩니다.

야곱은 가족과 함께 이삭이 사는 곳으로 가서 아버지를 만났습니다. 이삭은 자신의 기도가 헛되지 않았음을 확인했습니다. 야곱은 아버지에게 실망을 주었던 아들에서 기쁨을 주는 아들이 되었습니다.

가문의 확장

할아버지 아브라함과 아버지 이삭은 가문을 잇는 자녀가 한 명뿐이었기에 가문이 확장되지 못했습니다. 그러나 야곱은 자녀 12명 모두가 가문을 이었기에 12 가문을 중심으로 세력이 점점 확장되었습니다. 이것을 12 지파라고 합니다. 축복의 통로 나라를 만들려는 하나님의 계획은 아브라함, 이삭 시대의 준비 기간을 거쳐 야곱 시대에 비로소 본격적으로 시작되었습니다. 훗날 그 나라의 이름은 야곱의 다른 이름인 '이스라엘'이 됩니다.

야곱은 어려움이 있을 때는 도망치고 주변 사람에게 쉽게 이용당하며 겁이 많은 사람이었습니다. 하나님은 이렇게 연약한 사람이라도 하찮게 여기지 않고 중요한 일에 사용했습니다. 그 결과 야곱은 하나님의 큰 은혜를 받아 자기 가문을 성장시키고 하나님과의 약속을 성공적으로 이루었습니다.

누구나 부끄럽고 감추고 싶은 과거가 있습니다. 그런 과거에 매여 계속 죄의 길을 가기보다는 하나님의 은혜로 복된 길을 가는 사람이 되기를 기도합니다.

7. 요셉

가족의 배신

요셉은 야곱의 12 아들 중 11번째 자녀입니다. 아버지 야곱은 아들 요셉을 다른 자녀보다 훨씬 더 사랑했습니다. 야곱의 이런 태도 때문에 요셉과 나머지 형제들의 사이가 좋지 않았습니다.

어느 날 요셉은 자기 곡식 다발에 형들의 곡식 다발이 절하는 꿈을 꾸었습니다. 요셉은 자기가 형들보다 높은 사람이 되는 꿈을 일부러 형들에게 말했습니다. 이 일로 형들은 거만한 요셉을 더욱 미워했습니다.

형들이 양을 치러 집에서 먼 곳으로 떠났습니다. 야곱은 요셉에게 형들과 양 무리가 무사한지 확인하는 심부름을 시켰습니다. 요셉이 자기들 쪽으로 오는 것을 본 형들은 미운 요셉을 해칠 계획을 세웠습니다. 요셉이 아무리 형에게 건방지게 굴었어도 그런 계획을 세운 것은 너무 지나친 일이었습니다. 처음에 형들은 요셉을 죽이려고 했지만, 4번째 아들 '유다'는 요셉을 죽이지 말고 상인에게 넘기자고 말했습니다. 요셉은 목숨은 건졌지만 믿었던 가족에게 버림받고 노예로 팔려 갔습니다. 이 사건으로 약 20년 동안 요셉과 가족은 헤어지게 됩니다.

주인의 배신

팔려 간 요셉은 이집트로 끌려갔습니다. 요셉은 이집트 왕의 궁전 호위대장 '보디발'의 집에서 일하는 하인이 되었습니다. 하나님 은혜를 받은 요셉은 보디발에게 능력 있는 사람으로 인정받았습니다. 요셉은 보디발 집안의 모든 일과 재산을 맡은 관리자가 되었습니다.

요셉은 능력 있는 사람이었을 뿐만 아니라 멋지고 잘생긴 사람이기도 했습니다. 보디발의 아내는 이런 요셉을 유혹했습니다. 성실한 요셉은 그 유혹을 거절했습니다. 기분이 나빠진 주인 아내는 요셉을 모함했고 그녀의 남편, 보디발은 요셉을 감옥에 가두었습니다. 요셉은 보디발 집에서 성공하였으나 남녀 문제에 휘말려 주인에게 버림받았습니다. 아무리 능력 있고 성공한 사람도 불륜 문제에 휘말리면 한순간에 망하는 것을 꼭 기억할 필요가 있습니다.

주인에게 충성한 요셉은 상을 받기는커녕 벌을 받았습니다. 요셉은 믿었던 사람에게 한 번 더 버림받았습니다.

동료의 배신

감옥에 갇힌 요셉은 감옥 대장에게 능력 있는 사람으로 인정받았습니다. 요셉은 감옥의 중요한 일을 다루는 관리자가 되었습니다.

어느 날 이집트 왕의 포도주와 빵을 담당하는 두 신하가 감옥에 갇혔습니다. 감옥에서 두 신하는 서로 비슷한 꿈을 꾸었고 그 꿈에 대해 걱정했습니다. 요셉은 두 사람의 꿈을 해석해 주면서 그들을 도왔습니다. 요셉의 도움으로 불안한 마음을 떨쳐버린 신하는 감옥에서 풀려나게 되었습니다. 요셉은 그 신하에게 자기 억울함을 풀어달라고 부탁했습니다. 그러나 그 신하는 요셉의 부탁을 잊어버렸습니다.

다른 사람을 도왔던 요셉은 도움을 받기는커녕 무시를 당했습니다. 요셉은 믿었던 사람에게 또다시 버림받았습니다.

나라의 관리자 요셉

어느 날 이집트 왕은 살진 소와 야윈 소 7마리가 번갈아 나타나는 꿈과 토실토실한 곡식알과 마른 곡식알 7개가 번갈아 나타나는 꿈을 꾸었습니다. 왕은 그 꿈을 심각하게 생각했기에 꿈의 의미를 꼭 알고 싶었습니다. 그러자 예전에 요셉의 도움을 받았던 신하가 왕에게 요셉을 추천했습니다. 왕은 요셉은 불렀습니다.

요셉은 하인과 죄인으로 지내는 동안 주변 사람에게 실력 있는 사람으로 인정받았습니다. 그러나 요셉은 계속 배신당하고 억울하게 사는 삶에서 벗어나지 못했습니다. 드디어 요셉에게 괴로운 생활에서 벗어날 좋은 기회가 생겼습니다. 그런 중요한 순간에 요셉은 자신이 아닌 하나님이 꿈을 풀이해 줄 것이라고 왕에게 말했습니다.

> 내가 아니라 하나님께서 바로(왕)에게 편안한 대답을 하시리이다.
>
> 〈창세기 41장 16절, 요셉의 겸손〉

요셉은 왕에게 자신의 해몽 실력을 자랑해도 되었지만 그러지 않고 겸손하게 하나님의 위대함을 알렸습니다. 요셉은 왕의 꿈이 7년의 풍년과 7년의 흉년이라고 설명했고 흉년을 대비하는 방법까지 가르쳐 주었습니다. 어떤 일의 문제점을 파악하고, 그 해결 방법을 찾아내며, 찾은 방법으로 문제를 직접 해결하는 사람은 능력 있는 사람으로 인정받습니다.

왕은 나라의 중요한 문제를 능숙하게 다루는 요셉의 능력을 인정하고 나라의 총리로 세웠습니다. 보디발의 집(가정)을 관리하고, 감옥(직장)을 관리하던 요셉은 이제 이집트(나라)까지 관리하는 사람이 되었습니다.

복수자가 아닌 보호자

총리가 된 요셉은 이집트 여성와 결혼하여 가정을 꾸리고 2명의 자녀를 낳았습니다. 요셉은 외국인 여성와 결혼했지만 하나님을 잊거나 우상을 숭배하지 않았습니다.

요셉의 꿈풀이대로 7년의 풍년 뒤에 7년의 흉년이 발생했습니다. 흉년은 이집트뿐만 아니라 주변 나라에도 퍼졌습니다. 요셉은 이런 어려운 상황을 충분히 대비하고 있었기에 이집트 사람과 주변 나라 사람을 도울 수 있었습니다. 하나님이 주신 은혜로 요셉은 사람을 살리는 일, 즉 사람 사랑을 실천했습니다.

아버지 야곱이 사는 가나안 지역에도 큰 흉년이 들었습니다. 야곱은 아들들에게 이집트에 가서 식량을 사 오라고 시켰습니다. 이집트에 온 형들은 식량 사는 곳에서 총리 요셉을 만났지만 요셉을 알아보지 못했습니다. 하지만 요셉은 형들을 알아보았습니다. 형들은 곡식을 사려고 요셉에게 절했습니다. 어릴 때 요셉이 꾸었던 곡식 다발 꿈은 현실이 되었습니다.

요셉은 일부러 형들에게 정탐꾼(첩자) 누명을 씌워 감옥에 가뒀습니다. 형들은 자신들이 정탐꾼이 아니라 가나안에서 사는 형제이며 막내동생 '베냐민'만 고향에 남기고 왔다고 말했습니다. 요셉은 그 말이 사실이라면 막내동생을 자기에게 데려와 증명하라고 말했습니다. 요셉은 형 한 명을 감옥에 인질로 두고 나머지 형들을 식량과 함께 고향으로 보냈습니다.

형들은 약속대로 막내 베냐민을 데리고 이집트에 돌아왔습니다. 요셉과 베냐민의 어머니는 라헬입니다. 두 사람은 어머니가 서로 같기에 형제 중에서도 특히 매우 가까운 사이였습니다. 요셉은 베냐민을 보고 몰래 울었습니다. 요셉은 일부러 베냐민에게 도둑 누명을 씌우고 그를 노예로 삼겠다고 형들을 겁주었습니다. 요셉은 형들이 자신을 버린 것처럼 베냐민도 버리는지 확인하고 싶었나 봅니다. 형 중에서 '유다'는 자기가 대신 노예가 될 테니 막내를 풀어달라고 빌었습니다. 동생 요셉이 죽임당할 뻔한 상황에서 나섰던 유다는 동생 베냐민이 노예가 될 뻔한 상황에서 또다시 나섰습니다. 시기와 질투로 자신을 버렸던 형들이 사랑으로 가족을 지키려는 모습을 본 요셉은 감동하여 자기 정체를 밝혔습니다. 요셉은 앞으로 계속 가뭄이 들 테니 가나안에 있는 가족 모두 이집트로 이사하라고 말했습니다. 야곱 가문은 모두 이집트로 이사했습니다.

비뚤어지지 않음

하나님의 특별 선택을 받은 가문이라도 가족끼리 서로 상처를 주고받는 일을 피할 수는 없었습니다. 아버지 야곱, 자녀 요셉과 형들 모두 잘못이 있었고 그 잘못은 가족 모두에게 큰 괴로움을 주었습니다. 특히 가족이 자신을 죽이려 한 일과 가족이 자신을 노예로 판 일은 요셉에게 절대 잊을 수 없는 상처였습니다.

사람이 살면서 매우 큰 상처를 받으면 주변 사람과 사회를 원망하며 비뚤어지기 쉽습니다. 그러나 요셉은 가족과 주변 사람에게 계속 버림받으면서도 삐뚤어지지 않고 자기 마음을 잘 지켜냈습니다. 그 결과 요셉은 대단한 권력을 가진 사람이 되었어도 자기에게 피해 주었던 가족, 옛 주인 보디발, 신하에게 복수하지 않았습니다. 오히려 자기가 얻은 권력으로 사람을 용서하고 사람을 살리며 사랑하는 일을 했습니다. 이것이 가능했던 이유는 어려운 기간에 하나님이 요셉과 함께 하면서 은혜와 사랑을 주었고, 요셉도 죄의 길로 가지 않으려고 노력했기 때문이었습니다. 요셉은 야곱 가문 사람 모두를 안전하게 지키면서 이후에 하나님이 약속한 나라 이스라엘을 세우는 일에 중요한 역할을 담당했습니다.

이런저런 이유로 자기 마음이 비뚤어졌다면 하나님의 은혜를 받아 그 마음을 조금씩 되돌려야 합니다. 세상이 자꾸 자기 마음을 비뚤어지게 만들더라도 하나님의 은혜로 용기를 얻어 자기 마음을 지켜내야 합니다. 그러면 언젠가 자신도 요셉처럼 인정받는 사람, 사랑을 나눠주는 사람이 될 수 있습니다.

유다

야곱의 아들 중 요셉만큼 중요한 사람이 한 명 더 있습니다. 바로 유다입니다. 유다는 형제들이 어린 요셉을 죽이지 못하게 막은 사람입니다. 그렇다고 유다가 어린 요셉을 지켜 주지는 않았습니다. 단지 살인을 막았을 뿐입니다. 하지만 유다의 그 행동이 요셉을 살렸으므로 유다는 요셉이 총리가 되는 일에 매우 큰 도움을 준 셈입니다. 이처럼 사람의 생명을 소중히 여기고 지키는 것은 매우 어려운 일이 아니면서 매우 대단한 일이 됩니다. 무엇보다 하나님이 보기에 좋은 일이 됩니다. 요셉과 더불어 훗날 유다 가문은 이스라엘에서 중요한 역할을 맡습니다.

지금 당장 미래가 잘 보이지 않고 삶에 괴로움이 많더라도 생명이 꺼지지 않고 마음이 비뚤어지지 않으면, 언젠가 하나님의 큰 은혜로 지금보다 더 나은 인생을 살 수 있습니다. 하나님의 은혜로 어려운 시기를 견디고 좋은 날을 맞이하여 마음의 평안을 얻길 바랍니다.

8. 모세

이스라엘 민족

야곱 기문은 요셉이 마련한 이집트 지역에서 대략 400년 동안 살았습니다. 굉장히 긴 시간이 지났습니다. 야곱의 다른 이름이 이스라엘이었기에 야곱 가문 사람은 이스라엘 민족이라 불렸습니다. '히브리인'이라고 불리기도 했습니다. 오랫동안 이스라엘 민족은 자녀를 많이 낳으면서 매우 큰 무리가 되었습니다. 그 당시 이스라엘 민족은 이집트에서 살았지만 이집트의 종교나 문화를 따르지 않았습니다. 마치 다른 나라의 국민처럼 생활했습니다. 이집트 왕은 큰 무리의 이스라엘 민족이 반역을 일으키거나 다른 나라와 힘을 합쳐 자기 나라를 공격할까 봐 두려웠습니다.

나라 안에서 사는 국민은 그 나라의 경찰이나 군대의 보호를 받습니다. 나라의 보호를 받는 국민은 나라를 위해 세금을 내거나 나라에서 시킨 일을 해야 합니다. 이집트 왕은 이스라엘 민족을 일부러 약하게 만들려고 성 쌓기, 밭일, 벽돌 굽기 등 매우 힘든 일을 시켰습니다.

이스라엘 민족이 갈수록 더 많아지자 이집트 왕은 그 민족에서 태어난 남자 아기를 없애라고 명령했습니다. 이스라엘 민족의 한 여인은 자기 남자 아기를 나무상자에 넣고 강가의 풀 근처에 두었습니다. 그 나무상자를 본 이집트 공주는 그 아기를 자기 아들로 삼았습니다. 공주는 아기 이름을 '모세'라고 지었습니다.

모세는 자라면서 이스라엘 민족이 고통 속에서 일하는 모습을 보았습니다. 어느 날 모세는 어떤 이스라엘 사람을 괴롭히는 이집트 사람을 죽였습니다. 그 일을 알게 된 이집트 왕은 모세를 죽이려고 했습니다. 모세는 이집트 왕이 자기를 더 이상 쫓을 수 없는 아주 먼 곳으로 도망쳤고, 그곳에서 가정을 꾸리며 살았습니다.

이스라엘 민족은 노예처럼 일하면서 힘들게 살았지만 그 당시 강대국인 이집트 안에서 살았기에 다른 나라의 공격을 받지 않고 안전하게 자기 민족을 크게 키울 수 있었습니다. 어려움 속에서도 하나님의 나라 만들기 계획은 계속 준비되고 있었습니다.

이집트 탈출

어느 날 산에서 양 떼를 몰던 모세는 불이 붙었지만 타서 없어지지 않는 나무를 보았습니다. 모세가 나무에 가까이 가자, 나무 사이에서 하나님이 모세를 불렀습니다. 하나님은 모세에게 이집트에서 노예로 갇혀 있는 이스라엘 민족을 탈출시키라고 말했습니다.

하나님은 그 일을 위해 모세에게 두 가지 일을 시켰습니다. 하나는 모세가 이스라엘 민족을 만나 그들을 이집트에서 가나안 지역으로 옮기려는 하나님 계획을 알리고 설득하는 일이었습니다. 다른 하나는 이집트 왕에게 이스라엘 민족이 이집트에서 떠나는 것을 허락받는 일이었습니다.

모세는 하나님이 시킨 일을 감당할 자신이 없어 망설였습니다. 하나님은 모세에게 지팡이를 뱀으로 바꾸는 기적과 자기 손을 병든 손과 깨끗한 손으로 바꾸는 기적을 주었습니다. 하나님은 그 기적으로 모세가 이스라엘 민족에게 자신이 하나님이 보낸 사람임을 증명하라고 했습니다. 하나님은 모세의 형 '아론'을 보내 모세를 돕게 했습니다.

이집트에 도착한 모세는 이스라엘 민족에게 하나님이 준 기적을 보이면서 '이집트 탈출'과 '가나안 이동'이라는 하나님의 계획을 말했습니다. 이스라엘 민족은 모세의 말을 믿었고 하나님에게 감사를 드렸습니다.

모세는 이집트 왕에게 가서 이스라엘 민족의 해방을 요구했습니다. 이스라엘 민족은 이집트를 위해 많은 일을 하면서 나라에 큰 이득을 주었고, 만약 이집트를 벗어난 많은 이스라엘 민족이 다른 나라와 함께 이집트를 공격할 수도 있었기에 왕은 모세의 요구를 거절했습니다. 왕은 모세를 곤란하게 만들려고 이스라엘 민족을 일부러 더 괴롭혔습니다. 큰 고통을 당한 그들은 모세를 원망하며 따르지 않았습니다. 모세는 왕은 커녕 이스라엘 민족조차 자기 말을 따르지 않자 크게 실망했습니다.

하나님은 실망한 모세에게 앞으로의 일을 자세히 알려주면서 모세가 당황하지 않도록 도와주었습니다. 하나님은 이집트에 10가지 재앙을 내리면서 자신이 진정한 신이라는 사실과 이스라엘 민족을 해방하려는 의지를 왕에게 확실히 보였습니다. 그 10가지 재앙은 피, 개구리, 이, 파리, 전염병, 피부병, 우박, 메뚜기, 어둠, 첫째의 죽음이었습니다. 10가지 재앙을 겪은 이집트 왕은 마침내 이스라엘 민족이 이집트에서 나가는 것을 허락했습니다. 대략 200만 명의 이스라엘 민족이 이집트를 빠져나갔습니다. 이날을 기념하는 이스라엘 명절을 '유월절'이라고 합니다.

만약 이집트 왕의 허락 없이 모세가 수많은 이스라엘 민족을 데리고 무사히 이집트를 떠나려고 했다면, 많은 사람과 함께 몰래 이집트를 빨리 빠져나가거나 이집트 군대와 싸워 이겨 당당히 나가야만 했습니다. 둘 다 현실적으로 절대 불가능한 일이었습니다. 그러나 하나님은 사람이 감히 따라 할 수 없는 기적을 이용하여 불가능한 일을 가능하게 만들었습니다.

이집트 왕은 이스라엘 민족을 놓아준 것을 금세 후회했습니다. 왕은 곧바로 군대를 이끌고 그 뒤를 쫓았습니다. 이스라엘 민족은 '홍해' 바다 앞에서 자신을 쫓는 이집트 군대를 보았습니다. 하나님은 모세에게 "지팡이를 들어 바다를 가리키라"라고 지시했고 모세는 그 말을 따랐습니다. 큰바람이 불면서 물이 갈라지고 마른 땅이 나타나 이스라엘 민족은 바다를 건넜습니다. 모세가 다시 손을 뻗자 바다가 합쳐지면서 그들을 뒤쫓던 이집트 군대는 바다에 빠지고 말았습니다. 그제서야 이스라엘 민족은 이집트를 완전히 탈출하게 되었습니다.

하지만 여전히 모세와 이스라엘 민족에게는 많은 문제가 남아있었습니다. 수많은 사람을 먹일 음식 문제, 가나안 땅을 얻기 위한 전쟁 등 그들 스스로 감당하기 불가능한 여러 가지 힘든 일이 그들을 기다리고 있었습니다.

제사장 나라와 거룩한 백성

하나님은 원래 목적지였던 북쪽 가나안 지역이 아닌 남쪽 시내산 지역으로 이스라엘 민족을 이동시켰습니다. 하나님은 그곳에서 그들이 앞으로 해야 할 일을 자세히 알리고 준비시키려고 했습니다.

이동하는 사람은 그 수가 매우 많았고 이동하는 길은 대부분 사막이거나 허허벌판이었습니다. 얼마 지나지 않아 그들은 음식과 물이 필요했습니다. 대략 200만 명이 먹을 음식과 물을 메마른 땅에서 얻는 것은 사람이 해결할 수 없는 문제였습니다. 그들은 어려움이 닥치자 지도자 모세를 원망했습니다.

하나님은 작은 과자의 일종인 '만나'와 작은 새 '메추라기'를 음식으로 주었습니다. 그 대신 몇몇 사람이 많은 양을 가져가 다른 사람들이 못 먹는 일이 없도록 하나님은 하루가 지난 음식을 썩게 만들어 음식 저장을 막았습니다. 하나님은 아담의 선악과 사건 때 "사람은 일해야 먹을 수 있다"라고 명령했습니다. 그런데 만나와 메추라기 사건은 그 명령에 어긋나는 일이었습니다. 하나님은 이스라엘 민족에게 굉장히 특별한 혜택을 주면서까지 그들을 보호했습니다.

하나님은 모세에게 지팡이로 바위를 치라고 명령했습니다. 모세가 지팡이로 바위를 치자 바위에서 물이 나왔습니다. 하나님은 바위가 아닌 하늘의 비로 직접 물을 줄 수도 있었지만 그러지 않았습니다. 일부러 모세를 거쳐서 기적을 행했습니다. 이를 본 이스라엘 민족은 모세가 꼭 필요한 지도자임을 확인할 수 있었습니다. 하나님은 모세의 체면을 세워 주어 지도자 역할을 감당하게 도와주었습니다.

이스라엘 민족은 이집트를 떠난 지 3달 만에 시내산에 도착했습니다. 그곳에서 하나님은 앞으로 이스라엘 민족이 해야 할 일을 정식으로 알렸습니다. 그 일은 제사장 나라를 만드는 것과 거룩한 백성이 되는 것이었습니다.

> 너희가 내게 대하여 제사장 나라가 되며 거룩한 백성이 되리라 너는 이 말을 이스라엘 자손에게 전할지니라.
>
> 〈출애굽기 19장 6절, 시내산에서 하나님 명령〉

제사장은 하나님에게 드리는 제사를 관리하면서 하나님과 사람을 연결해 주는 사람입니다. 주로 하나님 말씀을 알리고 가르치면서 하나님 은혜를 사람이 제대로 받도록 돕는 일을 합니다. 그래서 제사장 나라는 하나님과 세상 모든 사람을 연결시켜 주는 나라, 하나님을 온 세상 사람에게 제대로 가르치는 나라, 하나님 은혜를 받아 세상 모든 나라에 전달하는 축복의 통로 나라로 볼 수 있습니다.

거룩은 하나님과 사람 사이에서 하나님 쪽으로 점점 다가가면서 사람과 구별되는 것을 뜻합니다. 그래서 거룩한 백성은 죄의 길에서 점점 벗어나 은혜의 길로 다가가는 사람으로 볼 수 있습니다.

시내산에서 하나님은 아브라함 때부터 준비했던 나라 만들기 계획을 본격적으로 실행했습니다. 하나님은 제사장 나라 만드는 일을, 이스라엘 민족은 거룩한 백성이 되는 일을 맡았습니다. 하나님은 이스라엘 민족을 거룩한 백성이 되게 하려고 여러 가지 '율법'을 주었습니다. 율법은 사람이 아닌 하나님이 만든 법을 주로 뜻합니다. 율법에서 가장 중요한 것은 십계명이었습니다. 다른 율법과 달리 십계명은 하나님이 직접 글로 써 주었습니다. 글을 두 눈으로 보면서 대대손손 잊지 말고 지키라는 뜻이었습니다.

십계명과 큰 은혜

십계명은 하나님 사랑과 사람 사랑에 관한 율법입니다.

십계명에서 하나님 사랑 명령은 '우상 숭배를 하지 않는 것과 안식일을 지키는 것'입니다. 우상 숭배는 선악과 사건에서 하나님이 죄로 보았던 일입니다. 하나님에 대한 사랑은 하나님을 위해 자기가 희생하고 수고하는 것이 아닙니다. 단지 하나님을 일부러 거부하거나 하나님을 함부로 대하는 잘못을 저지르지 않으면 되는 것입니다. 안식일을 지키는 것은 모든 요일이 아닌 일주일에 하루 정도는 쉬면서 하나님을 생각하는 것입니다. 거기에 하나님이 준 은혜에 감사하고 자기 죄를 반성하며 하나님을 의지하면서 생활한다면 바람직한 하나님 사랑이 됩니다.

십계명에서 사람 사랑 명령은 '부모를 공경하는 것과 사람을 괴롭히지 않는 것'입니다. 부모를 공경하는 것은 자녀가 부모를 위해 희생하는 것이 아니라 자녀가 자기 인생길을 제대로 가면 되는 일입니다. 또한 자녀가 남이 아닌, 자기 부모를 사랑하는 일은 충분히 할 만한 일입니다.

사람을 괴롭히지 않는 것은 '살인, 성폭행, 불륜, 도둑질, 사기'를 저지르지 않는 일입니다. 사람이 심각한 나쁜 짓을 저지르지 않는 것은 몹시 어려운 일이 아닙니다. 어린아이조차 아는 일입니다. 사람이 부모나 다른 사람을 함부로 대하지 않으면 사람 사랑 율법을 자연스럽게 지키게 됩니다. 거기에 자기 능력 안에서 주변 사람을 조금씩 돕는 일까지 더한다면 더욱 좋은 사람 사랑이 됩니다.

하나님이 이스라엘 민족을 특별히 선택하고 그들에게 특별한 혜택을 주면서 맡긴 임무는 그다지 특별한 일이 아니었습니다. 제사장 나라의 거룩한 백성이 되는 것은 하나님과 사람을 함부로 대하지 않는 일, 즉 죄짓지 않는 일이 핵심이었습니다. 사실상 선악과 사건, 가인 아벨 사건을 하나님이 또다시 정리한 것입니다. 하나님은 이 명령을 따르는 사람에게 큰 은혜를 준다고 약속했습니다.

> 나를 사랑하고 내 계명을 지키는 자에게는 천 대까지 은혜(**큰 은혜**)를 베푸느니라.
>
> 〈출애굽기 20장 6절, 하나님의 큰 은혜 약속〉

이제 이스라엘 민족이 가나안 지역에서 나라를 세우고 할 일은 죄짓지 않고 살면서 큰 은혜를 받는 것이었습니다. 큰 은혜를 받는 나라가 되어 다른 나라의 좋은 본보기가 되면, 자연스럽게 다른 나라도 그것을 보고 죄의 길에서 벗어나 은혜의 길을 따라가게 됩니다. 그리하여 이스라엘이 하나님과 그 은혜를 세상 모든 나라에 제대로 가르치고 전해 주는 축복의 통로 나라, 제사장 나라가 되는 것이 하나님의 계획이었습니다.

가나안 정탐

이스라엘 민족은 시내산에서 약 1년 동안 머물다가 가나안 지역으로 이동했습니다. 그들이 가나안 지역 근처에 도착하자 하나님은 모세에게 12명의 정탐꾼을 보내라고 명령했습니다. 정탐꾼 12명은 가나안 땅이 식물이 잘 자라는 좋은 곳이며, 그곳 사람이 매우 강하다는 사실을 알아내고 돌아왔습니다. 정탐꾼 중 '갈렙'과 '여호수아'는 하나님이 그 땅을 우리에게 줄 것이라고 말했지만 나머지 정탐꾼은 적이 두려우니 이집트로 돌아가자고 말했습니다.

현실적으로 이집트에서 오랫동안 노예처럼 일만 하던 사람들에게 그것도 사기가 떨어진 상태에서 전쟁을 명령하는 것은 상식적이지 않은 일입니다. 이런 상황에서 그들이 두려움을 느끼는 것은 상당히 자연스러운 현상이었습니다. 그러나 이스라엘 민족은 이집트를 탈출하는 과정과 메마른 땅에서 생존하는 과정에서 하나님의 기적을 굉장히 많이 경험했었습니다. 그 때문에 가나안에서 나라를 세우는 일 또한 하나님의 기적을 믿고 따르는 것은 충분히 할 만한 일이었습니다. 수많은 기적을 직접 경험하고도 하나님을 믿지 못하고, 오랫동안 준비했던 하나님 계획을 자기 마음대로 바꾸려는 이스라엘 민족의 행동은 하나님에게 매우 무례한 태도였습니다. 이 사건으로 이스라엘 민족은 40년 동안 사막에서 떠돌게 되었습니다.

지도자 모세

모세는 하나님과 이스라엘 민족 사이에 있으면서 하나님의 지시를 따르고 사람들을 보살피는 역할을 맡았던 사람입니다. 모세의 역할 중 주된 일은 이스라엘 민족의 잘못으로 하나님이 화낼 땐 하나님에게 엎드려 자비를 구하고, 사람들이 불안해할 땐 그들에게 엎드려서 달래는 것이었습니다. 그만큼 지도자는 중요한 일을 담당하는 명예가 있지만 큰 책임과 많은 고달픔도 있습니다.

자기가 큰일을 맡고 많은 사람에게 인정받으며 사는 것도 좋고, 작은 일을 맡고 소소하게 행복을 누리며 사는 것도 좋습니다. 다만 자기 지위가 높아질수록 자신과 관련된 많은 사람을 위해 끊임없이 고개를 숙이는 것과 자신의 무거운 역할을 제대로 감당할 수 있게 하나님 은혜를 끊임없이 구하는 것을 꼭 기억하길 바랍니다.

9. 여호수아

가나안 정복

40년 동안 메마른 땅에서 떠도는 생활이 끝나고 모세는 하나님 명령에 따라 '여호수아'를 후계자로 삼았습니다. 여호수아는 모세의 아들이 아니라 비서처럼 모세를 돕는 보좌관이었습니다. 이스라엘 민족이 가나안 지역에 도착할 때까지 그들을 이끌며 격려하는 것이 모세의 임무였다면, 가나안 지역을 차지할 때까지 그들을 이끌며 전쟁하는 것이 여호수아의 임무였습니다.

이스라엘 백성이 가나안 지역으로 들어가려면 '요단강'을 건너야 했습니다. 하나님은 흐르는 강물을 멈추게 했고 그들은 강을 무사히 건넜습니다. 부모 세대가 홍해에서 하나님의 기적을 체험했듯 자녀 세대 역시 하나님의 기적을 직접 체험하면서 하나님을 믿고 나아갈 용기를 얻었습니다.

이집트에서 나온 이스라엘 민족은 그동안 계속 허허벌판에서 살았습니다. 그런 땅은 농사를 짓거나 가축을 키우지 못하기에 일하고 싶어도 일할 수 없어 먹거리를 얻지 못합니다. 이스라엘 민족은 하나님이 계획한 나라를 만들어야 하는 중요한 임무가 있었으므로 하나님은 일하지 않아도 먹고살 수 있게 만나라는 특별 혜택을 주었습니다. 그들이 요단강을 건너고 떠돌이 생활을 끝내자 하나님은 만나를 더 이상 주지 않았습니다. 이 땅을 차지하고 일해서 먹고살라는 하나님의 뜻이었습니다.

가나안 정복의 첫 목표는 여리고 성이었습니다. 여기서 성은 왕이 사는 집이 아니라 성벽이 있는 도시를 뜻합니다. 여리고 사람들은 도시 앞에 나타난 수많은 이스라엘 사람들을 보았습니다. 여리고 사람들은 하나님이 이스라엘 민족과 함께 한다는 사실에 몹시 두려워하며 성문을 굳게 닫았습니다.

이스라엘 민족이 여리고 도시를 차지하려면 돌로 된 성벽을 무너뜨려야 했습니다. 돌벽은 쇠가 아닌 돌로 파괴해야 합니다. 그러려면 큰 돌을 던지는 투석 기계가 필요합니다. 그런 기계가 없는 이스라엘 민족이 여리고를 함락하는 것은 현실적으로 불가능했습니다.

하나님은 이스라엘 민족에게 여리고 성을 일주일 동안 매일 돌라고 했습니다. 사람의 상식으로 이해되지 않는 명령이지만 그들은 그 명령을 따랐습니다. 마지막 날에 그들은 성벽을 향해 소리쳤고 하나님의 기적으로 성벽이 무너졌습니다. 이스라엘 민족은 사기가 떨어진 여리고 성을 단번에 정복했습니다.

그 후로 하나님은 많은 전쟁에 함께 하면서 이스라엘 민족을 승리로 이끌었습니다. 그들은 가나안 지역의 31개 도시를 얻으면서 가나안 대부분을 차지했습니다.

이스라엘 건국

하나님은 차지한 가나안 땅을 야곱의 12 아들 가문에게 나누어 주었습니다. 그중 요셉 가문은 요셉의 아들 '에브라임', '므낫세' 2개 가문으로 정하고 땅을 나누었습니다. 요셉은 야곱의 11번째 아들이지만 그 업적이 매우 커서 후계자로 인정받은 것이었습니다. 그런데 야곱의 아들 중 '레위' 가문은 땅을 정식으로 받지 못했습니다. 레위 가문은 전쟁에 직접 참여하지 않고 하나님의 일만 도왔기 때문이었습니다. 다른 가문은 각각 받은 땅에 가서 살았고, 레위 가문은 뿔뿔이 흩어져 다른 가문과 함께 살면서 제사장과 교사 역할을 맡았습니다.

하나님은 이스라엘에 '도피성'이라는 곳을 특별히 만들게 했습니다. 도피성은 고의가 아닌 실수로 사람을 해친 사람이 죽임당하지 않고 계속 생활할 수 있는 도시였습니다. 오늘날의 감옥과 비슷한 부분이 많습니다. 하나님은 세상일이 매우 복잡하고 오묘하여 사람이 고의가 아닌 실수로 죄지을 수 있고, 자기가 죄짓지 않아도 다른 사람 때문에 어려움을 당할 수도 있다는 것을 도피성을 통해 알려주었습니다.

하나님은 아브라함의 후손을 선택하여 우리나라 강원도와 비슷한 크기의 가나안 지역에 이스라엘 나라를 만들었습니다(강원도-약 17,000㎢. 이스라엘-약 20,000㎢). 하나님은 그 나라의 경계선까지 일일이 정하면서 이스라엘 백성이 일부러 작은 나라에서 살게 했습니다. 그리하여 하나님은 가나안 정복 과정에서 어쩔 수 없이 발생하는 희생을 최대한 줄였습니다. 하나님은 이스라엘 나라가 하나님을 핑계로 제국으로 확장하여 많은 나라를 괴롭히며 죄짓는 일을 미리 막았습니다.

여호수아는 모세의 좋은 후계자였으며 바람직한 지도자였습니다. 좋은 후계자를 만나는 것은 자기 노력으로 되는 일이 아니기에 모세는 하나님의 큰 은혜를 빚있다고 볼 수 있습니다. 모세처럼 대단한 사람의 뒤를 잇는 것은 후계자로서 부담이 많이 드는 일입니다. 그러나 여호수아는 자기 할 일에 집중하면서 맡은 역할을 성실하게 감당했습니다.

여호수아는 백성에게 죄짓지 말고 은혜의 길을 가면서 제사장 나라의 역할을 다하라고 부탁했습니다. 만약 죄의 길을 가면 선택받은 나라와 백성이라도 멸망하게 되어 나쁜 본보기가 된다고 경고했습니다. 그는 지도자로서 죽을 때까지 백성을 올바른 길로 가르쳤습니다.

> **(만약 죄를 지으면)** 너희의 잘못과 죄들을 사하지 아니하실 것임이라.
>
> 〈여호수아 24장 19절, 여호수아의 유언〉

여호수아는 이스라엘 민족의 이집트 탈출부터 이스라엘 건국까지 모든 과정에 참여했습니다. 그 여호수아가 자기 인생 마지막에서 내린 결론은 열심히 노력하면서 대단한 업적을 남기는 삶이 아니라 죄짓지 않는 삶이었습니다.

하나님은 사람이 은혜를 받는 조건으로 어렵고 힘든 삶을 요구한 적이 없었습니다. 단지 사람이 죄를 저지를 때만 사람에게 간섭하고 벌을 주었습니다. 하나님이 바라는 사람의 삶은 죄짓지 않는 것입니다. 그래서 누구나 죄에서 점점 멀어질수록 하나님 은혜에 점점 다가갈 수 있습니다. '나 같은 사람이 과연 하나님 은혜를 받을 수 있을까?'라고 자신을 하찮게 여기지 말고, '죄에서 벗어날수록 나 같은 사람도 하나님 은혜를 받을 수 있어'라고 자신을 소중히 여기길 바랍니다.

10. 사사

욕심과 죄

욕심과 죄

나라 세우는 일을 계획하고 실행한 사람이 그 나라의 첫 왕이 됩니다. 이스라엘은 하나님이 계획하고 만들었기에 이스라엘의 왕은 하나님이라고 볼 수 있습니다. 보통의 나라는 왕이 신하와 군대를 만들어 나라를 관리하지만 이스라엘은 그렇게 하지 않았습니다. 하나님은 왕으로서 이스라엘의 죄 문제만 경고했고 나랏일에 직접 간섭하지 않았습니다. 이스라엘이 죄만 저지르지 않으면 제사장 나라의 역할을 충분히 다할 수 있기 때문이었습니다. 각 지역에서 크고 작은 사건이 있을 때는 나이와 경험이 많은 사람인 '장로'가 사건을 다루었습니다.

이스라엘 백성은 나라를 세우기 전에는 하나님이 준 만나로 살았지만 나라를 세운 후에는 농사와 목축을 하며 살았습니다. 만나는 저장하지 못해 가난한 생활을 했지만 곡식과 가축은 저장할 수 있어 점점 부유한 생활을 했습니다. 풍족해진 이스라엘 백성은 더욱더 풍족한 생활을 원했습니다. 백성은 가나안 지역에서 유행하던 '바알'이라는 풍요의 신을 섬기기 시작했습니다. 그들은 하나님과 다른 신을 함께 섬기면서 하나님뿐만 아니라 다른 신의 은혜까지 받으려고 욕심부렸습니다. 게다가 그들은 같은 민족끼리 서로 싸우거나 다른 사람의 재산을 뺏는 등 사람을 괴롭히는 일을 저질렀습니다. 이스라엘 백성은 갈수록 많은 죄를 저질렀습니다.

하나님은 주변 나라가 이스라엘을 공격하는 방법으로 벌주었습니다. 이스라엘은 군대를 만들고 이끄는 지도자가 없었기에 다른 나라의 공격을 받을 때마다 쉽게 패배했습니다. 하나님은 임시 지도자 '사사'를 세워 이스라엘 백성이 죄의 길에서 돌이키게 도왔습니다. 사사는 군대를 만들어 적을 무찔러야 하기에 주로 군대 지휘관이 많았습니다. 이스라엘에 여러 명의 사사가 있었지만 그중에서도 대표적인 사사는 '기드온'과 '삼손'이었습니다.

기드온

죄로 물든 이스라엘은 미디안이라는 주변 민족의 괴롭힘을 받았습니다. 하나님은 '기드온'이라는 사람을 사사로 삼았습니다. 평범한 사람이었던 기드온은 하나님의 선택을 받고 군대 지휘관이 되었습니다. 기드온은 이스라엘 백성의 우상 숭배를 중단시키고 군대를 모아 미디안과 싸우러 나갔습니다.

이스라엘 군대는 미디안의 군대보다 그 수가 훨씬 적었습니다. 그런데 하나님은 이스라엘 군대를 더 줄이라고 했습니다. 기드온 군대는 고작 300명만 남았습니다. 300명의 용사와 기드온은 초라한 군대였지만 용기를 잃지 않았습니다. 하나님의 도움으로 기드온과 용사들은 많은 수의 미디안 군대를 완전히 물리쳤습니다. 하나님은 일부러 불리한 전쟁 상황을 만들고 크게 승리하면서 하나님의 능력을 보여 주었습니다. 나라의 큰 문제를 해결한 기드온은 백성에게 지도자로 인정받았습니다.

기드온은 전쟁에서 얻은 많은 황금으로 황금 옷을 만들어 전시했고 백성은 그 금붙이를 섬기기 시작했습니다. 백성은 황금 옷을 만든 기드온을 숭배하게 되었습니다. 기드온은 자기 자녀 이름을 '나의 아버지는 왕'이라는 뜻의 '아비멜렉'으로 지었습니다. 자신을 스스로 왕으로 여길 만큼 기드온은 교만해졌습니다. 훗날 그 아비멜렉이란 사람은 자기 형제를 모두 해치고 자기 지역의 지도자가 되었습니다. 큰 죄를 저지른 아비멜렉은 비참하게 죽으면서 기드온 가문은 쇠퇴하였습니다.

삼손

또다시 죄로 물든 이스라엘은 블레셋이라는 주변 나라의 괴롭힘을 받았습니다. 하나님은 '삼손'이라는 사람을 사사로 삼았습니다. 태어나기 전부터 사사로 특별히 선택받은 삼손은 하나님의 능력을 받고 굉장한 힘을 가진 사람이 되었습니다. 삼손은 그 능력으로 이스라엘 백성이 죄짓는 것을 막진 않았습니다. 그는 이스라엘을 블레셋에서

구하기 위해 군인이 되지도 않았습니다. 오직 자기가 하고 싶은 일에만 그 힘을 썼습니다.

삼손은 자기 힘을 너무 믿고 교만하다가 힘의 근원인 머리카락을 잘려 블레셋의 노예가 되었습니다. 노예 생활을 하던 삼손은 시간이 지나 힘을 되찾았습니다. 삼손은 블레셋의 지도자가 많이 모인 블레셋 신전에서 기둥을 밀어 신전을 무너뜨렸습니다. 그 사건으로 블레셋은 많은 피해를 받았기에 삼손은 이스라엘에 큰 도움이 되었습니다. 삼손은 가정을 제대로 꾸리지 못했고 자녀도 없었으므로 삼손 가문은 쇠퇴하였습니다.

죄의 원인

사사였던 기드온과 삼손은 하나님이 준 능력을 이용하여 이스라엘에 큰 도움을 주었습니다. 하지만 그들은 겉으로 드러난 문제를 해결하는 일에만 도움이 되었을 뿐 이스라엘 백성이 죄의 길에서 벗어나는 근본적인 문제를 해결하는 일에는 별 도움이 되지 못했습니다. 오히려 백성을 죄의 길로 이끄는 잘못을 저지를 때도 있었습니다.

사사 시대 이스라엘은 나라의 지도자가 딱히 없었기에 하나님과 죄 문제를 가르치는 레위 가문의 역할이 중요했습니다. 이스라엘 건국 때 레위 가문은 땅을 받지 못해 다른 가문에 비해 가난했습니다. 그 당시 레위인은 부자나 강한 사람에게 붙어살면서 이스라엘 백성이 죄의 길로 가는 것을 내버려 두었습니다. 제대로 된 가르침을 받지 못하는 백성들은 사사를 통해 어려움에서 벗어났어도 금세 죄의 길로 다시 돌아갔습니다. 성경은 사사 시대 상황을 다음과 같이 말했습니다.

> 사람이 각기 자기의 소견에 옳은 대로**(자기 마음대로)** 행하였더라.
>
> 〈사사기 21장 25절, 사사 시대 상황〉

이스라엘 나라는 백성이 자기 마음대로 살아도 되는 나라가 아니었습니다. 하나님이 직접 만든 나라였기에 하나님 명령, '죄짓지 않고 살기'를 지켜야만 하는 나라였습니다. 이스라엘 백성이 자기 마음대로 살았다는 것은 하나님이 지시한 대로 살지 않았다는 뜻입니다. 이스라엘이 이렇게 된 이유는 레위인이 맡은 일을 제대로 하지 않았고, 백성은 여호수아의 당부를 잊고 지나치게 많은 욕심을 부렸기 때문이었습니다. 사람이 잘살기 위해 욕심부리는 것은 잘못이 아닙니다. 하지만 은혜의 길을 가면서 잘살아야지 죄의 길을 가면서 잘살려고 하면 안 됩니다. 많은 신의 은혜를 함께 받으며 잘살려고 했던 이스라엘은 잘살기는커녕 오히려 망하게 되었습니다. 우리는 죄지으면서 잘살려는 사람이 되지 맙시다.

11. 룻

며느리 룻

사사 시대 이스라엘에 큰 가뭄이 들었습니다. 이스라엘의 '나오미'라는 여자는 남편과 두 아들과 함께 '모압'이라는 나라로 이주했습니다. 모압은 이스라엘 바로 동쪽에 있는 나라입니다. 그곳에서 두 아들은 외국인 모압 여자와 결혼했습니다. 그 여자 중 한 명의 이름이 '룻'이었습니다.

나오미는 모압에서 10년을 살았습니다. 그동안 남편과 두 아들이 죽었습니다. 함께 이주했던 가족을 모두 잃은 나오미는 사실상 이민 생활에 실패했습니다. 나오미는 이스라엘에 풍년이 들었다는 소식을 들었습니다. 더 이상 외국에서 생활할 이유가 없는 나오미는 풍년이 든 이스라엘로 돌아가려 했습니다. 나오미는 두 며느리에게 자기 고향 집으로 돌아가 새 출발을 하라고 말했습니다. 그런데 며느리 룻은 나오미를 따라가 하나님을 섬기며 함께 살기로 결심했습니다.

> 어머니의 백성이 나의 백성이 되고 어머니의 하나님이 나의 하나님이 되시리니.
>
> <롯기 1장 16절, 롯의 결심>

이스라엘 백성은 자신들만 하나님의 선택을 받은 특별한 사람이라고 생각했기에 외국인을 무시할 때가 많았습니다. 외국인 롯이 이스라엘에 들어가 사는 것은 환영받을 만한 일이 아니었습니다. 게다가 며느리 혼자서 나이 들고 가난한 시어머니를 돌보며 사는 것은 매우 어려운 일이었습니다. 밝은 미래가 보이지 않는 상황이었지만 나오미와 롯은 함께 이스라엘로 갔습니다.

사랑과 착함

그 당시 이스라엘에는 고아나 과부처럼 어려운 사람을 위해 추수할 때 땅에 곡식을 조금씩 떨어뜨리는 전통이 있었습니다. 도움을 주는 사람은 상대방에게 일하라고 강요하지 않으면서 비교적 적은 곡식을 주기에 부담이 적습니다. 도움을 받는 사람도 많은 양은 아니지만 거저 받지 않고 스스로 일하면서 곡식을 얻기에 부담이 적습니다. 어려운 사람을 도우며 사랑을 나누는 일은 큰 도움을 주고받는 것도 좋지만, 이처럼 작은 도움을 주고받는 것이 더 좋을 때가 많습니다. 사랑을 주고받는 일은 어렵게 하기보다 쉽게 해야 그 일을 계속할 수 있습니다.

룻은 '보아스'라는 남자의 밭에서 떨어진 곡식을 주우면서 생활했습니다. 보아스는 자기 일꾼에게 축복의 인사를 건네는 좋은 사람이었습니다. 보아스는 착한 여자 룻의 이야기를 듣고 룻을 만나 축복하고 위로했습니다. 보아스는 룻이 안전하게 곡식을 얻게 도왔습니다.

나중에 보아스는 룻을 아내로 맞았습니다. 훗날 보아스 가문에서 다윗이 나오고, 또 그 다윗의 후손 중에서 예수님이 나오게 됩니다.

외국인을 좋아하지 않는 이스라엘에서 다윗 왕이나 예수님의 조상 중에 외국인이 있었다는 사실은 딱히 기록하고 싶지 않은 내용이었을 것입니다. 하지만 성경은 외국인 룻에 대한 이야기를 감추지 않고 당당하게 드러냈습니다. 사람이 볼 때는 이스라엘 사람과 외국인은 서로 다른 사람이지만, 하나님이 볼 때는 모두 다 하나님의 자녀일 뿐입니다.

사람이 다른 사람에게 좋은 인상을 주거나 괜찮은 사람으로 인정받으려면 무언가 내세울 만한 자랑거리나 상대방을 끌어들일 만한 매력이 있어야 합니다. 외모가 뛰어난다든가, 돈이 많다든가, 지식이 풍부하다든가, 자기편을 잘 만든다든가 등등 자기만의 잘하는 부분이 있어야 합니다. 어린아이일 때는 그 존재만으로도 가치 있는 사람으로 인정받을 수 있지만, 성인이 된 후에는 아무것도 내세울 것 없는 사람이 좋은 사람으로 인정받기는 어렵습니다.

룻은 특별한 재주가 있거나 대단한 업적을 이룬 사람이 아닙니다.

성경에서 소개하는 룻은 '하나님과 가족을 사랑한 사람', '착한 사람'이 고작입니다. 그런데 그것만으로도 룻이 좋은 사람을 얻고 하나님의 큰 은혜를 받을 자격은 충분했습니다.

외모, 돈, 지식, 정치력은 노력한다고 무조건 얻는 것이 아니기에 이것들을 자기 매력으로 만드는 일은 어렵습니다. 하지만 '사랑'과 '착함'은 이런 것들에 비해 상당히 할 만한 일입니다. 사랑은 하나님 은혜를 듬뿍 받는 좋은 이유가 되며, 착함은 다른 사람의 마음을 사로잡는 좋은 매력이 됩니다. 이 두 가지가 합쳐지면 그 효과는 더욱 커집니다. 여기서 사랑은 룻처럼 희생하는 것이라기보다 진심으로 사람을 사랑하는 것으로 생각해야 좋습니다.

자기 매력이 부족하다고 실망하지 말고 착한 사람, 사랑의 사람으로 생활하면서 사람에게 인정받고 하나님에게 축복받기를 바랍니다.

12. 사울

사사 사무엘

삼손 사건 이후에도 이스라엘은 여전히 죄의 길을 가고 있었습니다. 그 벌로 이스라엘은 블레셋 나라의 괴롭힘을 계속 받았습니다. 하나님은 '사무엘'이라는 사람을 사사로 세웠습니다. 사사는 주로 군대 지휘관 역할을 맡았지만, 사무엘은 특이하게 제사장과 선지자 역할을 맡았습니다. 선지자는 하나님의 말을 대신 전하는 사람입니다. 예전 사사들은 자기 가문의 지역만 다스렸으나 사사 사무엘은 이스라엘 전 지역을 다스렸습니다. 사무엘은 이스라엘 모든 곳의 우상 숭배를 금지했고 백성은 그 지시에 따랐습니다. 그러자 하나님의 도움으로 블레셋 군대가 물러나고 이스라엘에 평화가 찾아왔습니다.

사무엘이 이스라엘 전체 지도자로 있을 때 나라가 매우 안정되었기에 백성은 임시 지도자 사사가 아닌 계속 자기들을 이끌어 줄 왕 같은 지도자를 원했습니다. 왕은 지금 왕이 다음 왕을 결정하므로 지도자를 계속 확보할 수 있습니다. 하나님은 백성의 이러한 요구를 들어주었습니다.

사랑의 사람, 사울

이스라엘에 잘생기고 키 큰 '사울'이란 사람이 있었습니다. 사울은 부모가 시킨 일을 성실하게 대하면서 부모를 공경하는 사람이었고, 자기 하인의 의견이라도 잘 들어주는 친절한 사람이었으며, 어려운 문제가 생길 때 하나님을 의지하는 사람이었습니다. 사울은 하나님과 사람을 사랑하는 사람이었습니다.

하나님은 사울을 이스라엘 왕으로 정했습니다. 사무엘은 이스라엘 백성을 모두 모아 사울을 이스라엘 왕으로 발표했습니다. 백성은 키 크고 늠름한 사울 왕을 환영했습니다. 그러나 사울은 왕으로서 뚜렷한 업적이 없어 모든 백성에게 진정한 왕으로 인정받지 못했습니다. 사울은 신하도 없고 왕궁도 없는 빈 껍데기 왕이었습니다.

어느 날 암몬이라는 나라가 이스라엘을 공격했습니다. 그 소식을 들은 사울은 하나님의 영, '성령'을 받았습니다. 성령은 여러 가지로 설명될 수 있지만 일단 하나님의 능력으로 생각하면 됩니다. 사울은 하나님의 능력을 받고 왕으로서 군대를 만들었습니다. 사울은 앞장서서 암몬과 싸워 이겼습니다. 큰 업적을 세운 사울은 이스라엘 모든 백성에게 진정한 왕으로 인정받았습니다.

사울 왕과 제사

사울 왕은 블레셋 나라와 전쟁을 하게 되었습니다. 블레셋은 큰 군대를 이스라엘에 보냈습니다. 엄청난 블레셋 군대를 본 이스라엘 군대는 무서워 떨었습니다. 사울은 사기가 떨어진 군대와 함께 사무엘을 기다렸습니다. 아무래도 사울은 '이스라엘 군대에 사무엘이 직접 가서 하나님에게 제사할 것'이라는 하나님의 특별 명령을 받았던 것 같습니다. 사무엘의 도착이 계속 늦어지자 군대 사기는 더욱 떨어졌고 도망치는 군인까지 생겼습니다. 사울은 하나님에게 제사하는 모습을 이스라엘 군대가 보면 사기가 오를 것으로 생각했습니다. 결국 사울은 사무엘을 끝까지 기다리지 않고 혼자서 제사를 지냈습니다.

사울은 불리한 상황을 해결하려고 하나님 명령을 어기는 죄를 지었습니다. 그는 하나님에게 죄짓는 것보다 자기 군대의 사기가 떨어지는 것을 더 두려워했습니다. 문제 해결 도구로 제사를 사용했던 사울은 하나님에게 순종하는 것보다 제사를 더 중요하게 여겼습니다.

사울의 잘못에도 불구하고 이스라엘은 사울의 아들 '요나단'의 용기 있는 활약과 하나님의 도움으로 블레셋을 몰아냈습니다.

사울 왕은 아말렉 민족과도 전쟁을 하게 되었습니다. 아말렉 민족은 이스라엘 남쪽 부근을 떠도는 무리였습니다. 사무엘은 '아말렉의 모든 것을 없앨 것'이라는 하나님의 특별 명령을 사울에게 전했습니다. 사울은 아말렉과의 전쟁에서 이겼습니다. 그런데 사울은 아말렉의 좋은 물건을 챙기고 왕을 포로로 삼았습니다.

사울은 욕심 때문에 하나님 명령을 어기는 죄를 저질렀습니다. 사무엘은 이런 사울을 꾸짖었습니다. 사울은 하나님에게 정성껏 제사 지내려고 좋은 것을 남겼다고 대답했습니다. 사울은 자기 죄를 감추려고 제사를 핑계로 댔습니다. 사울은 이번에도 문제 해결 도구로 제사를 사용하려 했습니다. 사무엘은 사울에게 순종이 제사보다 더 중요하다고 말했습니다.

> 순종이 제사보다 낫고 듣는 것이 숫양의 기름보다 나으니.
>
> 〈사무엘상 15장 22절, 사무엘이 사울에게 한 말〉

원래 제사는 가인과 아벨 시대에 시작된 일로 하나님에게 감사를 드리는 표현 방법이었습니다. 모세 시대에 하나님은 죄를 없애는 '속죄'의 기능을 제사에 추가했습니다. 그렇다고 제사가 모든 죄를 없애 주지는 않았습니다. 예를 들어, 살인한 사람이 제사를 지냈다고 해서 살인죄가 바로 사라지는 것은 아니었습니다.

하나님이 제사에 죄를 없애는 기능을 넣은 이유는 마음껏 죄를 저지르고 제사로 대신하라는 뜻이 아니었습니다. 일부러 지은 죄가 아니라면 자신의 죽음이 아닌 다른 방법으로 자기 죄를 책임질 수 있게 하나님이 배려한 일이었습니다. 제사를 지내는 사람은 자기 죄를 뉘우치고 앞으로 죄짓는 일을 조심하는, '회개'를 해야 했습니다. 그런데 사울은 제사를 통해 감사나 회개가 아닌 자신의 문제해결을 하려고 했습니다. 하나님이 마련해 준 제사를 옳지 않게 쓴 것이었습니다.

사울은 뒤늦게라도 용서를 구하고 남겨둔 재물을 없애면서 하나님 명령을 따랐어야 했지만 그러지 않았습니다. 결국 사무엘이 사울의 잘못을 대신 바로잡았습니다. 이 일로 사울은 이스라엘 왕에서 물러나라는 하나님의 명령을 받았습니다. 그러나 사울은 왕을 그만두지 않았습니다.

제사를 만병통치약처럼 여겼던 사울은 하나님을 무시하면서 하나님에게 드리는 제사를 의지했습니다. 왕의 이러한 잘못된 행동은 이스라엘 백성에게 나쁜 본보기가 되었습니다. 백성에게 왕은 특별하고 대단한 사람이므로 백성은 왕을 따라가기 쉽습니다. 그로 인해 왕이 죄를 자주 저지르면 백성도 왕을 따라 계속 죄짓게 되므로 그 나라에 죄가 빠르게 퍼집니다. 역사적으로 죄에 물든 나라는 항상 멸망했습니다. 그만큼 지도자의 역할이 중요하며, 지도자가 백성을 은혜의 길로 이끌지 못할 수는 있어도 죄의 길로 이끌어선 안 됩니다.

사울은 처음에는 선한 사람이었으나 왕 노릇을 하면서 교만하고 죄짓는 사람이 되었습니다. 왕으로서 그는 이스라엘과 그 백성을 제사장 나라와 거룩한 백성으로 이끌지 못하고 오히려 무능한 나라와 죄짓는 백성으로 이끌었습니다. 훗날 사울의 이스라엘은 블레셋에게 망하게 됩니다.

사울이 일부러 나라를 망치려고 죄지은 것은 아니었습니다. 하지만 지도자가 나라를 망칠 생각이 전혀 없었어도 나라와 백성이 망하게 되었다면 그 지도자는 책임을 져야 합니다. 사울은 하나님에게 자기 죄를 회개해야 했습니다. 백성에게 그들을 죄짓게 이끈 잘못을 사과해야 했습니다. 그렇게 책임을 져야 했습니다. 하지만 사울은 회개하지도 사과하지도 않았습니다. 죄의 길에서 돌이키지 않고 계속 그 길을 갔습니다.

백성의 지도자가 되는 것은 자기 자신에게도 자기 가문에게도 매우 영광스러운 일입니다. 하지만 지도자 역할을 제대로 감당하지 못했을 때는 자기 자신뿐만 아니라 수많은 사람을 위험에 빠뜨리게 됩니다. 이것은 직장과 가정에서도 마찬가지입니다. 자기가 직장에서 높은 사람으로 올라가는 것은 기쁜 일이겠지만 그 역할을 제대로 감당하지 못하면 직장에 큰 손해를 끼치거나 직장과 여러 직원이 위태로워질 수 있습니다. 높은 사람, 대단한 사람이 되고 싶다면 그 자리를 차지하는 것보다 그 자리를 감당하는 실력을 먼저 갖추는 일에 더욱 관심을 가질 필요가 있습니다.

제사는 사람이 죄의 길을 갔을 때 죽음의 벌을 받지 않고 은혜의 길로 돌이킬 수 있게 해 주는 기회였습니다. 하나님이 사람을 사랑했기에 만들어 준 그 기회를 꼼수나 죄짓는 일에 사용하는 것은 옳지 않습니다. 하나님의 준 사랑을 무례함으로 갚는 일입니다. 우리는 얕은꾀를 부리며 살기보다 진실하게 살면서 죄의 길로 가지 맙시다.

13. 다윗

충성과 배신

하나님은 '다윗'이라는 사람을 사울의 다음 왕으로 선택했습니다. 사무엘은 어린 다윗을 찾아가서 기름을 부었습니다. 다윗에게 기름을 부은 것은 하나님이 다윗을 왕으로 선택한 표시였습니다. 그러자 다윗은 성령을 받았고 사울은 성령이 떠났습니다.

블레셋이 이스라엘을 다시 공격했습니다. 두 나라의 군대는 서로 마주 보고 있었고 그 중간에는 블레셋의 거대한 장수 '골리앗'이 있었습니다. 골리앗은 무거운 갑옷을 입고 큰 무기를 휘두르는 거인이었습니다. 이스라엘 군대는 골리앗 때문에 사기가 매우 떨어졌습니다. 소년 다윗은 사울 왕의 허락을 받아 골리앗과 일대일 대결을 하게 되었습니다. 다윗은 끈에 돌을 얹어 던지는 돌팔매로 거인 골리앗을 쓰러뜨렸습니다. 블레셋 군대는 또다시 물러났습니다. 이 전쟁으로 다윗은 이스라엘 군대 지휘관이 되었고 적과 싸울 때마다 이겼습니다. 백성은 사울보다 다윗을 더 칭찬했습니다.

다윗을 질투한 사울은 다윗에게 창을 던져 죽이려고 했으나 실패했습니다. 사울은 다윗을 없애려고 일부러 불리한 전쟁터에 보냈습니다. 다윗은 오히려 계속 승리하면서 큰 업적을 이루었습니다. 결국 사울은 다윗을 대놓고 죽이려고 했고 다윗은 사울에게서 도망쳤습니다. 다윗은 사울 왕에게 충성한 대가로 상을 받기는커녕 괴롭힘을 당하고 도망자가 되었습니다. 다윗은 도망 다니면서 여러 사람의 도움을 받았습니다. 사울은 다윗을 도운 사람까지 해치면서 다윗을 더욱 괴롭혔습니다.

어느 날 다윗은 자신을 쫓는 사울이 동굴에 혼자 있는 것을 발견했습니다. 다윗은 사울에게 복수할 수 있었지만 일부러 사울을 놓아주었습니다. 사울은 다윗에게 고마워하며 돌아갔습니다. 그러나 사울은 다윗을 해치려고 또다시 쫓았습니다. 다윗은 밤에 언덕에서 자고 있는 사울에게 몰래 다가가 사울의 무기와 물병을 가져갔습니다. 다윗은 다시 한번 사울에게 복수할 수 있었지만 사울을 일부러 놓아주었습니다. 사울은 다윗에게 또다시 고마워하며 돌아갔습니다.

다윗은 자기가 이스라엘에서 살면 사울이 계속 자신을 해치러 올 것으로 생각했습니다. 다윗은 사울이 함부로 쫓지 못하는 적의 나라 블레셋으로 떠났습니다. 블레셋은 전쟁 상대국의 장수였던 다윗이었지만 워낙 능력이 좋은 군인이었고 사울이 다윗을 괴롭히는 것이 확실했기에 안심하고 다윗을 받아주었습니다.

블레셋과 이스라엘의 전쟁이 크게 일어났습니다. 사울은 뛰어난 군대 지휘관 다윗을 쫓아냈고, 의지하던 사무엘도 죽고 없었으며, 성령도 자신을 떠났기에 두려워 떨었습니다. 전쟁에서 이스라엘은 크게 패배했고 왕 사울과 그 아들들은 죽었습니다. 사울의 이스라엘은 블레셋의 식민지가 되어 조공을 바치게 되었습니다.

다윗 왕과 회개

다윗은 자신을 쫓던 사울이 죽자 더 이상 블레셋에 머물 이유가 없었습니다. 다윗은 이스라엘의 자기 고향으로 돌아갔습니다. 다윗은 사무엘에게 기름 부음을 받은 사람이었고, 지휘관으로서 능력을 인정받은 사람이었기에 고향 지역의 지도자가 되었습니다. 더 나아가 이스라엘 백성 모두는 다윗을 나라 전체의 왕으로 삼았습니다. 다윗은 식민지가 된 나라를 구하는 문제와 백성을 죄의 길에서 벗어나게 하는 문제를 해결해야 하는 열악한 상황에서 왕이 되었습니다.

다윗이 왕이 되자 블레셋이 이스라엘을 공격했습니다. 다윗 왕은 하나님의 도움으로 블레셋과 싸워 이겼습니다. 다윗은 식민지가 된 나라를 구하는 문제를 왕이 되자마자 해결했습니다. 그뿐만 아니라 다윗 왕은 블레셋을 포함한 주변 나라들을 정복하여 식민지로 삼았습니다. 이제 다윗은 백성을 죄의 길에서 벗어나게 하는 문제만 해결하면 되었습니다.

어느 날 왕궁 옥상에서 산책하던 다윗은 한 여자가 목욕하는 것을 보았습니다. 그 여자는 다윗에게 매우 충성하는 한 용사의 아내 '밧세바'였습니다. 다윗은 밧세바를 차지하려고 그녀의 남편을 전쟁터에서 일부러 죽게 했습니다. 결국 다윗은 밧세바를 자기 아내로 삼았습니다.

젊은 다윗은 사울 왕에게 충성했지만 사울은 오히려 다윗을 죽이려고 했었습니다. 다윗 역시 왕이 되고 나서 사울이 자기에게 했던 잘못을 똑같이 따라 했습니다. 다윗은 자기가 한 행동을 전혀 죄라고 생각하지 못했습니다. 여러 아내가 있던 다윗은 그저 아내 한 명이 더 생긴 일일 뿐이었고 왕으로서 충분히 할 만한 일로 여겼습니다.

충성스러운 신하를 해치고 남의 아내를 빼앗으면서도 미안한 마음조차 없었던 다윗은 백성에게 죄의 길을 가는 본보기가 되었습니다. 다윗은 백성을 죄의 길에서 벗어나게 하기는커녕 죄의 길로 이끄는 왕이 되었습니다. 이제 다윗과 이스라엘은 죄의 길로 빠르게 갈 준비가 되었습니다.

하나님은 죄지은 사울 왕에게 사무엘 선지자를 보냈던 것처럼, 죄지은 다윗 왕에게 '나단'이라는 선지자를 보냈습니다. 나단은 죄지은 다윗을 꾸짖었습니다. 선지자의 경고를 들었던 사울은 자기 죄를 깨닫지 않았고 인정하지도 않았었지만, 다윗은 자기 죄를 깨닫고 깊게 뉘우쳤습니다.

> 다윗이 나단에게 이르되 내가 여호와께 죄를 범하였노라.
>
> 〈사무엘하 12장 13절, 다윗의 회개〉

사울과 다윗 두 사람은 왕이 되기 전에는 은혜의 길을 갔지만 왕이 된 후에는 죄의 길에 들어섰습니다. 사울은 죄를 짓고 나서 제사로

적당히 그 죄를 덮고 또다시 죄를 지으며 자신과 백성을 죄의 길로 계속 이끌었습니다. 하지만 다윗은 죄를 짓고 나서 자기 죄를 인정하고 용서를 구하고 잘못을 책임지는 모습을 보이면서 자신과 백성을 죄의 길에서 벗어나게 했습니다. 그 차이 때문에 사울은 자기 가문과 나라를 망치는 사람이 되었고 다윗은 자기 가문과 나라를 지키는 사람이 되었습니다.

다윗의 고난

다윗은 여러 명의 자녀가 있었습니다. 그중에서 '압살롬'이라는 다윗의 아들은 자기편 군대와 정치인을 만들어 다윗에게 반란을 일으켰습니다. 다른 나라와 전쟁할 때마다 이겼던 다윗이지만, 자기 나라에서 일어난 갑작스런 반란에는 당할 수밖에 없었습니다. 다윗은 급하게 왕궁에서 도망쳤습니다. 하지만 다윗은 충성스러운 신하의 도움으로 압살롬을 물리치고 반란을 제압했습니다. 다윗이 예전에 밧세바의 전남편을 배신하고 그를 죽였던 것처럼, 자신도 배신을 당하고 자녀의 죽음을 겪어야 했습니다.

어느 날 다윗은 이스라엘 백성의 수를 세라고 명령했습니다. 백성의 수를 세는 것은 단순한 인구 조사가 아니라 대규모 전쟁을 준비하는 일입니다. 아무래도 다윗이 주변 나라와 전쟁을 할 때마다 이겼기 때문에 기세를 몰아 큰 제국을 만들려고 했나 봅니다. 하나님은 이스라엘 나라를 처음 세울 때 나라의 경계를 직접 정하면서 일부러 작은 나라를 만들었습니다. 다윗의 이런 계획은 하나님 명령을 대놓고 어기는 일이었습니다. 하나님은 다윗의 죄 때문에 이스라엘에 큰 전염병을 벌로 주었습니다. 다윗은 백성이 아닌 자기에게 벌을 달라고 하나님에게 빌었습니다. 회개한 다윗은 하나님에게 온전한 제사를 드렸고 하나님은 벌을 멈추었습니다. 이처럼 자기 죄를 책임지는 일은 매우 힘들고 어렵기 때문에 이왕이면 죄를 저지르지 않는 것이 가장 좋습니다.

사람은 완벽하지 않기에 누구나 죄를 지을 수 있습니다. 중요한 것은 죄를 짓고 나서 그 죄를 대하는 자신의 태도입니다. 어쩔 수 없는 일이었다고 핑계를 대거나 주변 환경 혹은 다른 사람 탓을 하기보다 자기가 저지른 잘못을 인정하고 뒤처리를 해야 합니다. 그래야만 자기가 죄의 길을 계속 가지 않습니다. 특히 높은 사람일수록 같은 죄를 지어도 그 무게가 훨씬 더 무거우므로 자기 잘못을 더욱 제대로 처리해야 합니다.

사울과 다윗 두 사람은 우상 숭배를 하지는 않았지만 하나님이 왕에게 특별히 내린 명령을 지키지 않는 죄를 저질렀습니다. 그리고 사울은 다윗과 많은 사람을 괴롭혔고 다윗은 자기 신하를 괴롭히면서 사람 괴롭힘의 죄를 저질렀습니다. 두 사람이 죄짓기 전에는 하나님의 큰 은혜가 있었지만, 죄지은 후에는 하나님 은혜가 줄어들고 잦은 고난을 겪으면서 나라에 위기가 생겼습니다.

하나님이 개인에게 특별 명령을 내리는 일은 굉장히 드물기에 사람은 주로 사람 괴롭힘의 죄를 조심해야 합니다. 가정이나 직장에서 뛰어난 성과를 이루는 것도 좋겠지만 무엇보다 사람을 함부로 대하지 않는 것이 더 중요합니다. 자기가 가정에 큰 이득을 가져오지 못하거나 직장에서 대단한 결과를 이루지 못했다고 자신을 하찮은 사람으로 여길 필요가 없습니다. 자기가 가족을 괴롭히지만 않아도, 직장 동료나 손님에게 피해를 주지만 않아도 자신을 상당히 훌륭하고 좋은 사람으로 여겨야 합니다. 우리는 가정이나 직장에서 사람을 조심히 대하면서 죄짓지 않고 하나님 은혜를 풍성히 받는 사람이 됩시다.

14. 솔로몬

제사장 나라의 완성

다윗의 10번째 아들 솔로몬이 다윗 왕의 다음 왕이 되었습니다. 어느 날 솔로몬 왕은 하나님에게 제사를 지냈습니다. 그날 솔로몬의 꿈에서 하나님이 나타나 솔로몬에게 소원을 물었습니다. 솔로몬은 백성을 제대로 다스리도록 옳고 그름을 구별할 수 있는 지혜를 원했습니다.

> 주의 백성을 재판하여 선악을 분별하게(지혜) 하옵소서.
>
> 〈열왕기상 3장 9절, 솔로몬의 지혜 소원〉

하나님은 솔로몬이 자기 이득이 아닌 사람 사랑을 위한 소원을 말해서 기뻤습니다. 하나님은 지혜뿐만 아니라 부와 영광까지 솔로몬에게 주었습니다. 하나님은 사랑을 위해 사는 사람에게 생각보다 더 큰 은혜를 줍니다.

하나님의 큰 은혜를 받은 젊은 솔로몬의 이스라엘은 다윗 왕 때보다 더 평화롭고 부유한 나라가 되었습니다. 그 이유는 솔로몬이 단지 다윗의 아들이었기 때문이 아니었습니다. 솔로몬이 하나님을 위해 많은 수고와 희생을 했기 때문도 아니었습니다. 솔로몬이 죄짓지 않으면서 백성을 은혜의 길로 이끌었기 때문이었습니다.

많은 민족이 솔로몬과 이스라엘을 본받으러 찾아왔습니다. 자연스럽게 많은 나라가 하나님을 알고 배우며 은혜의 길을 따라가게 되었습니다. 이것이 하나님이 이스라엘에 기대했던 제사장 나라 역할이었습니다. 이스라엘은 죄짓지 않고 하나님 은혜를 받아 잘살면 되었고, 다른 나라는 그것을 보고 따라 하면 되는 일이었습니다.

예전에 아버지 다윗은 왕이 되자마자 하나님에게 제대로 제사 지내고 예배드릴 성전을 건축하고 싶었습니다. 하나님은 그 일을 다윗이 아닌 솔로몬에게 시켰습니다. 솔로몬은 다윗의 소원이자 하나님의 지시로 성전 건축을 시작했습니다. 솔로몬은 7년 동안 많은 사람과 좋은 재료를 이용하여 정성껏 성전을 건축했습니다. 솔로몬이 지은 성전을 흔히 첫 번째 성전이라고 말합니다. 성전 건축이 끝나자 솔로몬은 그 앞에서 백성을 위해 기도하고 하나님에게 제사를 지냈습니다.

솔로몬의 죄

솔로몬은 나이가 들면서 많은 외국 여자와 결혼했습니다. 백성에게 세금을 많이 걷어 지나친 사치를 부리기도 했습니다. 외국인 아내들은 솔로몬이 다른 신을 섬기게 부추겼고 솔로몬은 아내의 말을 따르면서 우상 숭배를 했습니다. 백성들은 높은 세금을 감당하느라 어렵게 생활했습니다. 은혜의 길을 갔던 솔로몬은 우상을 숭배하고 백성을 괴롭히면서 점점 죄의 길을 갔습니다.

하나님은 직접 솔로몬에게 나타나 경고했지만 솔로몬은 그 경고를 무시했습니다. 솔로몬은 아버지 다윗과 다르게 자기 죄를 깨닫고 회개하지 않았습니다. 젊은 시절의 솔로몬은 지혜와 사랑이 많았지만 늙은 시절의 솔로몬은 그러지 않았습니다. 사람의 지혜와 사랑은 한결같지 않기에 항상 하나님에게 구하고 받아야 합니다. 솔로몬의 죄로 인해 이스라엘은 남과 북으로 나뉘었습니다. 이때부터 북쪽은 북이스라엘 왕국, 남쪽은 남유다 왕국이 됩니다.

사람은 돈과 인기가 없을 때는 슬픔에 시달리고 돈과 인기가 많을 때는 교만에 사로잡히기 쉽습니다. 자기가 슬픔이나 교만에 너무 휩쓸리면 사랑하는 일에 문제가 생깁니다. 이러면 죄의 길로 쉽게 빠지게 됩니다.

특히 교만은 지혜의 왕이라 불렸던 솔로몬조차 감당하기 어려운 일이었습니다. 그만큼 보통 사람은 자기 안에 있는 교만을 다루기가 매우 어렵습니다. 자신의 슬픔이나 교만을 자기가 완전히 다룰 수는 없겠지만, 지나치게 슬퍼하거나 몹시 거만하게 구는 태도를 점점 줄여 가면서 사랑하는 일을 계속하길 바랍니다.

15. 엘리야

북이스라엘의 아합 왕

솔로몬 왕 이후로 이스라엘은 북이스라엘과 남유다로 나뉘었습니다. 그중 북이스라엘은 꾸준히 죄의 길을 갔으며, 잦은 반란으로 왕의 가문이 계속 바뀌면서 불안정한 나라가 되었습니다. 하나님은 선지자를 보내 북이스라엘이 죄의 길에서 벗어나라고 경고했습니다. 북이스라엘에 여러 명의 선지자가 있었지만 그중에서도 중요한 사람은 '엘리야'입니다.

북이스라엘의 '아합' 왕은 우상을 섬기고 백성을 괴롭히는 악한 왕이었습니다. 아합 왕은 나라와 백성을 죄의 길로 이끌었고 북이스라엘은 죄에 물들었습니다. 하나님은 북이스라엘 선지자 엘리야를 아합 왕에게 보냈습니다.

엘리야는 아합 왕에게 앞으로 몇 년 동안 나라에 비가 내리지 않을 것이라고 말했습니다. 그 시대에 비 문제는 왕이 책임져야 하는 중요한 일이었습니다. 엘리야는 아합을 무능력한 왕으로 만든 셈입니다. 하나님은 엘리야에게 나라 밖으로 피하라고 했습니다. 외국으로 피한 엘리야는 그곳에서 한 여인을 만나 도움을 받으며 살았습니다. 그러던 중 갑자기 그 여인의 외아들이 죽었습니다. 도망자 신세였던 엘리야는 자기를 도운 사람에게 기쁨이 아닌 슬픔을 몰고 오는 사람이 되었습니다.

엘리야는 하나님에게 기도했고 하나님은 죽은 아들을 살려주었습니다. 하나님은 선지자가 어려움을 겪고 좌절하거나 맡은 일을 제대로 하기 힘들 때, 선지자가 용기를 내고 자기 역할을 해낼 수 있게 기적을 내리곤 했습니다.

북이스라엘에 가뭄이 든 지 3년이 지났습니다. 하나님의 기적으로 용기를 얻은 엘리야는 아합을 직접 만나러 갔습니다. 아합은 그동안 가뭄 문제를 해결하려고 엘리야를 많이 찾아다녔습니다. 아합은 엘리야를 보고 화를 냈습니다. 왕의 분노를 보고도 엘리야는 왕 가문의 우상 숭배 죄 때문에 북이스라엘이 하나님의 벌을 받았다고 두려움 없이 말했습니다.

엘리야는 자기 말이 거짓이 아님을 밝히려고 왕에게 대결을 요청했습니다. 그 대결은 백성을 모두 모아 자기가 섬기는 하나님과 아합 왕이 섬기는 신을 서로 비교하는 것이었습니다. 아합 왕의 왕비 '이세벨'이 돕는 다른 신의 선지자 850명과 하나님의 선지자 엘리야 1명의 대결이 시작되었습니다. 대결 내용은 각 선지자의 기도로 제단에 놓인 제물이 스스로 불타게 하는 것이었습니다. 이세벨 측 선지자들은 열심히 자기 신에게 기도했지만 아무 일도 일어나지 않았습니다. 그러나 엘리야가 기도하자 하늘에서 불이 떨어져 제물을 태웠습니다.

그것을 본 백성들은 엘리야 편에 섰고 엘리야의 명령에 따라 이세벨 측 선지자들을 물리쳤습니다. 더 나아가 엘리야는 오랜 가뭄이 멈추고 비가 내릴 것을 예언했고 그 말은 사실이 되었습니다.

아합은 하나님의 기적을 보고 기세가 꺾여 엘리야가 하는 일에 반항하지 못했지만, 아합의 아내 이세벨은 특이하게 그 소식을 듣고도 하나님을 두려워하지 않았습니다. 이세벨은 심부름꾼을 엘리야에게 보내 엘리야를 직접 해치우겠다고 경고했습니다. 아합을 용기 있게 상대했던 엘리야는 강하고 무자비한 이세벨을 보고 오히려 큰 두려움에 빠졌습니다. 엘리야는 또다시 북이스라엘을 떠나 멀리 남쪽에 있는 시내산까지 도망쳤습니다. 엘리야는 그곳에서 하나님을 만나 이세벨이 자신을 해치려 한다고 하소연했습니다. 하나님이 엘리야에게 미래의 일을 알려 주자 엘리야는 기운을 차리고 북이스라엘로 돌아갔습니다.

아합과 이세벨은 우상 숭배뿐만 아니라 백성에게 누명을 씌워 재산을 빼앗는 죄를 저지르기도 했습니다.

용기를 다시 얻은 엘리야는 하나님의 지시로 아합을 또 찾아가서 아합 가문의 멸망을 예언했습니다. 이제는 아합이 큰 두려움에 빠졌습니다. 아합은 '아람'이라는 나라와 전쟁을 하다가 화살을 맞고 죽었고 이세벨은 반란으로 죽었습니다. 하나님은 엘리야를 회오리바람에 실어 하늘로 데려갔습니다. 엘리야 선지자 노력에도 북이스라엘은 죄의 길에서 벗어나지 않았습니다.

선지자

요즘은 날씨가 나쁠 때는 스마트폰으로 알림 문자를 미리 보내줍니다. 하지만 날씨가 좋을 때는 딱히 알림 문자를 보내 주지 않습니다. 이와 비슷하게 하나님은 사람이 은혜의 길을 갈 때는 굳이 알리지 않고 자연스럽게 은혜를 주었지만, 죄의 길을 갈 때는 선지자를 일부러 보내 그동안 지었던 죄와 앞으로 받을 벌을 미리 알려주면서 죄짓지 말라고 경고했습니다.

이런 이유로 엘리야를 비롯한 선지자들은 항상 왕과 백성에게 죄와 벌에 관한 기분 나쁜 소식을 전했습니다. 엘리야가 아합 왕에게 전한 소식은 '아합 왕 시대에 가뭄이 드는 것, 아합 가문이 북이스라엘을 망친 것, 아합 가문이 멸망하는 것'이었습니다. 나라의 최고 권력자에게 이런 말을 하는 것은 아무리 하나님이 시킨 일이라도 실제로 행하기 매우 힘든 일입니다.

당연히 왕과 백성은 선지자를 싫어했습니다. 어려운 일을 하면서 미움받는 선지자는 목숨을 걸고 경고했음에도 불구하고 결국 나라와 백성이 벌 받는 것을 지켜보면서 자신의 무기력함을 느껴야만 했습니다. 이처럼 선지자 역할은 사람이 감당하기 어려운 일이었습니다.

하나님은 이렇게 어려운 일을 하는 선지자에게 예언이나 기적 같은 특별한 능력을 주어 그들을 보호하고 도왔습니다. 선지자는 그 능력으로 자신이 하나님이 보낸 사람인 것을 증명했고 자기 역할을 계속 감당할 수 있었습니다.

> 여인이 엘리야에게 이르되 내가 이제야 <u>당신은 하나님의</u>
> <u>사람이시요</u> 당신의 입에 있는 여호와의 말씀이 진실한 줄 아노라.
> 〈열왕기상 17장 24절, 기적을 본 여인의 말〉

사람은 자기 잘못 때문에 상대방에게 경고나 비난을 받아도 기분이 나쁘고 화내기 쉽습니다. 그만큼 죄의 길을 가는 사람은 자기 스스로든 다른 사람의 도움을 받든 그 길을 벗어나기가 상당히 어렵습니다. 특히 사랑을 주지도 못하고 받지도 못하는, 즉 사랑이 막히거나 메마른 사람은 더더욱 그렇습니다.

그래서 사랑이 필요합니다. 사람은 하나님에게 받는 은혜가 있으며, 그 은혜 안에는 사랑도 들어 있습니다. 누구나 자기 안에 크든 작든 사랑이 있는 것입니다. 자신의 그 사랑이 매우 메말랐다면 사람끼리 사랑을 주고받거나 하나님에게 은혜를 더 받아서 채워야 합니다. 작은 사랑이라도 상대방에게 줄 수 있어야 하고 상대방에게 받은 작은 사랑이라도 소중히 여길 수 있어야 합니다. 자기에게 은혜와 사랑을 달라고 하나님에게 기도하는 것도 좋습니다. 그리고 다른 사람의 걱정과 충고가 기분 나쁘더라도 조금씩 받아들이는 일도 필요합니다. 그것이 지혜입니다. 우리는 사랑과 지혜로 죄의 길에서 벗어나는 사람이 됩시다.

16. 이사야

남유다의 아하스 왕

솔로몬 왕 이후로 이스라엘은 남유다와 북이스라엘로 나뉘었습니다. 그중 남유다는 죄의 길과 은혜의 길을 왔다 갔다 하며 방황했지만, 유다 가문이 계속 왕이 되면서 북이스라엘보다는 상당히 안정된 나라가 되었습니다. 하나님은 선지자를 보내 남유다가 죄의 길에서 벗어나라고 경고했습니다. 남유다에 여러 명의 선지자가 있었지만 그중에서도 중요한 사람은 '이사야'입니다.

남유다의 '아하스' 왕은 우상을 섬기면서 나라와 백성을 죄의 길로 이끌었던 악한 왕이었습니다. 아하스 왕은 많은 신을 섬길수록 더 큰 은혜를 받는다고 생각했습니다. 어찌 보면 하나님 한 분만 섬긴 다른 왕에 비해 많은 신을 섬긴 아하스가 더 열심히 살았던 왕으로 볼 수 있습니다. 하지만 잘못된 일을 열심히 하는 것은 더 나쁜 결과를 얻기 마련입니다. 아하스 왕은 부지런한 우상 숭배로 인해 큰 은혜를 받기는커녕 하나님에게 큰 벌을 받았습니다.

아하스 왕의 남유다는 아람과 북이스라엘 두 나라의 합동 공격을 받아 큰 어려움을 당했습니다. 아람은 북이스라엘 바로 위에 있는 나라였습니다. 하나님은 남유다 선지자 이사야를 아하스 왕에게 보냈습니다. 이사야는 왕에게 '두려워하지 말 것과 하나님에게 기적을 바라는 기도를 할 것'을 요구했습니다. 아하스 왕은 이사야의 말을 따르지 않았습니다.

그 대신 아하스 왕은 '아시리아(앗수르)'라는 나라에 도움을 요청했습니다. 아시리아는 아람과 북이스라엘을 공격하여 승리하고 두 나라 모두 식민지로 삼았습니다. 나중에 북이스라엘은 아시리아를 다시 배반했습니다. 그 결과 아시리아는 북이스라엘을 식민지로 두지 않고 완전히 멸망시켰습니다. 북이스라엘 백성은 생활 터전이 파괴되었고 포로가 되어 끌려갔습니다.

게다가 아시리아는 아하스의 남유다 또한 괴롭히면서 많은 재물을 빼앗았습니다. 허황된 신과 강한 나라의 왕을 의지했던 아하스 왕은 남유다의 대표적인 실패한 왕이 되었습니다.

아하스 왕의 아들, 히스기야 왕

아하스 왕의 아들 '히스기야'가 다음 왕이 되었습니다. 히스기야 왕은 아버지 아하스와 다르게 죄의 길을 가지 않았습니다. 히스기야는 아버지가 만든 많은 다른 신과 우상을 없애고 하나님만 섬겼습니다. 히스기야는 아버지가 실패했던 길을 그대로 따라가지 않았습니다.

히스기야는 그동안 잊고 있었던 유월절을 백성과 함께 지켰습니다. 그 과정에서 형식적인 실수가 조금 있었지만 하나님은 잘못을 용서해 주었습니다. 하나님은 제사를 드리거나 예배하는 일에 형식적인 완벽함보다 진심으로 하나님을 사랑하는 태도를 중요하게 보았습니다.

북이스라엘을 멸망시켰던 아시리아는 히스기야의 남유다를 정식으로 공격했습니다. 히스기야 왕과 이사야 선지자는 함께 하나님에게 기도했습니다. 하나님의 도움으로 아시리아는 공격을 멈추고 자기 나라로 돌아갔습니다. 그 후 아시리아는 '바벨론'이라는 나라에 멸망했습니다.

히스기야 왕이 병이 들어 죽게 되었습니다. 왕은 하나님에게 병이 낫길 기도했습니다. 하나님은 그 기도를 들어주었고 선지자 이사야를 보내 왕을 치료해 주었습니다. 하나님 은혜로 히스기야 왕은 15년을 더 살았습니다.

바벨론 왕은 신하를 보내 선물을 주면서 병을 겪었던 히스기야 왕을 위로했습니다. 기분이 좋아진 히스기야는 그동안 모은 많은 재물과 무기를 바벨론 신하에게 모두 보여주었습니다. 한 나라의 왕이 다른 나라 신하에게 자기 나라의 중요한 정보를 자세히 알려 주는 것은 왕으로서 옳지 않은 행동입니다. 이 일은 나중에 바벨론이 남유다를 공격하는 일에 큰 영향을 주었습니다.

선지자 이사야

아하스 왕과 히스기야 왕 시대에 선지자 이사야는 남유다 백성에게 우상 숭배의 죄를 저지르면 하나님의 벌을 받는다고 경고했습니다.

> 너희가 기뻐하던 상수리나무**(나무로 만든 우상)**로 말미암아 너희가 부끄러움을 당할 것이요 너희가 택한 동산**(언덕에서 우상 제사)**으로 말미암아 수치를 당할 것이며.
>
> 〈이사야 1장 29절, 우상 숭배의 죄〉

이사야는 사람 괴롭힘의 죄를 저질러도 하나님의 벌을 받는다고 경고했습니다.

> 가난한 자를 불공평하게 판결하여 가난한 내 백성의 권리를 박탈하며 과부에게 토색하고 고아의 것을 약탈하는 자는 화(재앙) 있을진저.
>
> 〈이사야 10장 2절, 사람 괴롭힘의 죄〉

하나님은 이사야를 보내 우상 숭배와 사람 괴롭힘이 하나님이 미워하는 죄란 것을 알렸습니다. 그러나 남유다의 왕과 백성은 이사야의 말을 듣지 않았습니다.

바벨론은 남유다를 공격하여 식민지로 삼았습니다. 남유다는 이집트와 손을 잡고 바벨론을 여러 번 배반했습니다. 그 결과 바벨론은 남유다를 식민지로 두지 않고 완전히 파괴했습니다. 남유다 백성은 생활 터전을 잃었고 포로가 되어 먼 곳으로 끌려갔습니다. 솔로몬이 지은 하나님 성전도 무너졌습니다. 남유다는 북이스라엘처럼 완전히 죄에 물들지는 않았었지만 결국 죄의 길에서 벗어나지 못하고 망했습니다. 남유다는 북이스라엘이 멸망한 것을 보고도 그 길을 그대로 따라갔습니다.

하나님은 믿음이 좋은 아브라함을 선택하여 그 가문으로 제사장 나라 이스라엘을 만들었습니다. 이스라엘 백성은 죄짓지 않는 거룩한 백성이 되어 '은혜의 길을 가면 복을 받는다'라는 본보기가 되는 역할을 맡았습니다. 그러나 이스라엘 백성은 맡은 역할에 실패했으며 '죄의 길을 가면 벌을 받는다'라는 나쁜 본보기가 되고 말았습니다.

멸망한 북이스라엘은 선지자의 경고가 실현된 것을 직접 보고도 회개하지 않고 하나님을 무시했습니다. 그러나 멸망한 남유다는 선지자의 경고가 실현된 것을 보고 뒤늦게나마 회개하고 하나님을 찾았습니다. 그 차이로 남유다는 제사장 나라 역할을 나중에 또다시 맡게 됩니다.

현재를 사는 사람이 과거의 어두운 역사를 기억하고 그런 일이 반복되지 않게 만들 때, 슬픈 과거의 역사는 기록된 가치가 있습니다. 우리와 우리 후손은 과거의 잘못된 길을 그대로 따라가지 않길 기도합니다.

17. 에스더

모르드개와 에스더

바벨론은 남유다 왕국을 멸망시키고 그 백성을 자기 나라로 끌고 갔습니다. 아브라함 가문에서 시작된 이스라엘 나라는 남유다 왕국으로 줄었다가 바벨론에 망하고 이제 나라가 아닌 바벨론의 한 지역이 되었습니다. 그 지역 이름은 '유다(유대) 지역'이었습니다. 사람을 부르는 이름도 이스라엘 백성에서 '유다인(유대인)'으로 바뀌었습니다.

바벨론은 큰 나라를 이루었지만 '페르시아(바사)'라는 나라에 멸망했습니다. 바벨론의 백성이었던 유대인은 이제 페르시아의 백성이 되었습니다.

예전 모세 시대에 이스라엘 민족이 이집트에서 오래 살았지만 하나님과 자기 민족을 잊지 않고 살았던 것처럼, 유대인도 페르시아에서 오랜 기간을 살았지만 하나님과 자기 민족을 잊지 않았습니다.

어느 날 페르시아 왕은 큰 잔치를 열었습니다. 잔치 마지막 날에 기분이 좋았던 왕은 신하들 앞에서 예쁜 왕비를 자랑하고 싶어 왕비를 불렀습니다. 그런데 왕비는 왕의 말을 무시하고 나타나지 않았습니다. 체면을 구긴 왕은 매우 화가 났고 신하들도 왕비의 태도를 나쁘게 보았습니다. 왕과 신하는 왕비를 왕궁에서 쫓아냈습니다.

왕과 신하는 전국 각 지역에서 아름다운 여자를 골라 왕비를 뽑는 왕비 선발 대회를 열었습니다. 그때 페르시아 수도에는 '모르드개'라는 유대인이 살았습니다. 모르드개는 유대인 출신이지만 페르시아 왕궁에서 일하는 신하였습니다. 그는 사촌 여동생과 함께 살았는데 그녀 이름은 '에스더'였습니다. 에스더는 매우 아름다워 왕비 후보에 선택되었습니다. 페르시아 왕은 왕비 후보 중에서 에스더를 가장 좋아했습니다. 에스더는 왕비가 되었습니다.

어느 날 모르드개는 왕궁 문 앞에서 두 신하가 페르시아 왕을 해치려는 계획을 들었습니다. 모르드개는 에스더 왕비에게 이 사실을 알렸고, 에스더는 그 음모를 왕에게 전했습니다. 모르드개의 도움으로 왕은 무사하게 되었습니다.

에스더와 하만의 대결

페르시아 왕에게는 '하만'이라는 신하가 있었습니다. 하만은 왕의 신하 중에서 가장 높은 신하였습니다. 왕은 왕궁 모든 신하에게 하만을 위해 무릎 꿇고 절하라고 명령했습니다. 그만큼 왕과 하만과 사이는 매우 가까웠습니다.

그런데 모르드개는 하만에게 무릎을 꿇지 않았고 절하지도 않았습니다. 하만은 아말렉 민족 출신이었고 유대 민족과 아말렉 민족은 오래전 모세 시대부터 계속 사이가 나빴습니다. 아무래도 하만은 모르드개가 '개인적으로 자기를 싫어한 것'뿐만 아니라 '유대 민족으로서 아말렉 민족인 자기를 무시한 것'으로 생각했나 봅니다. 이 일을 알게 된 하만은 모르드개뿐만 아니라 유대 민족 모두가 미웠습니다. 그는 페르시아 영토에 사는 모든 유대인을 없앨 계획을 세웠습니다. 하만은 실제로 그런 일을 할 만한 능력이 있는 사람이었습니다. 하만은 왕의 허락을 받고 자기 재산과 권력을 마음껏 사용하여 그 일을 준비했습니다.

모르드개는 자기 때문에 자기 민족 모두가 위험에 빠져 너무 괴로웠습니다. 모르드개는 왕궁 문 앞에서 매우 슬퍼했습니다. 모르드개는 왕비 에스더에게 왕을 만나 하만의 계획을 취소해 달라고 부탁했습니다.

그 당시 페르시아에서는 아무리 왕비라도 아무 때나 왕을 만날 수 없었습니다. 왕비라도 자기 마음대로 왕에게 다가가면 왕을 해치려는 일로 여기고 처벌받았습니다. 다만 왕이 다가오는 것을 허락하면 처벌받지 않았습니다. 게다가 에스더 이전의 왕비가 왕이 불렀는데 왕에게 가지 않아 쫓겨난 것처럼, 왕이 부르지 않았는데 에스더가 왕에게 억지로 다가가면 쫓겨나거나 심한 경우 죽임을 당할 수도 있었습니다. 에스더는 3일 동안 음식조차 먹지 않고 기도한 후에 자기 민족을 위해 왕비 직책과 목숨을 걸었습니다.

> 나도 나의 시녀와 더불어 이렇게 금식(금식 기도)한 후에
> 규례(법)를 어기고 왕에게 나아가리니 죽으면 죽으리이다 하니라.
>
> 〈에스더 4장 16절, 에스더의 결심〉

각오한 에스더는 왕이 자기를 볼 수 있는 가까운 곳에서 허락 없이 서 있었습니다. 왕은 에스더를 보고 다가올 것을 허락했습니다. 왕은 갑자기 찾아온 왕비 에스더에게 자신에게 특별히 부탁할 것이 있는지 물었습니다. 에스더는 예전 왕비가 왕의 잔치에서 왕과 신하의 체면을 깎아내린 것과 반대로, 왕과 신하 하만을 위한 잔치를 열고 싶다고 말했습니다. 왕은 자신과 하만의 체면을 세워 주려는 에스더의 부탁이 마음에 들었습니다. 왕과 하만은 둘 만을 위한 왕비의 잔치에 참석했습니다. 하만은 왕뿐만 아니라 왕비까지 자신을 특별히 대하자 더욱 의기양양했습니다.

왕과 하만은 사이가 매우 좋았기에 왕비 에스더가 무리하게 하만과 맞서는 일은 매우 위험했습니다. 에스더는 왕의 기분을 맞춰 주고 왕을 자기편으로 확실하게 만든 다음, 하만에게 대항하는 작전을 세운 것이었습니다.

잔치가 끝나고 하만은 집에 가는 길에 여전히 자기를 무시하는 모르드개를 보았습니다. 왕과 왕비 모두 자기편이라고 생각했던 하만은 본격적으로 모르드개를 해치려고 결심했습니다.

한편 그날 밤 왕은 왕의 역사서를 보다가 모르드개가 자기 생명을

구해 주고 아무런 상도 받지 못한 사실을 알았습니다. 왕은 생명의 은인 모르드개를 높은 신하로 만들고 싶었습니다.

다음날 하만은 모르드개의 사형 집행을 부탁하러 왕을 찾아갔습니다. 왕은 하만을 만나자마자 하만에게 모르드개를 직접 시중들라고 명령했습니다. 모르드개와 하만의 상황은 순식간에 바뀌었습니다.

그날 왕과 하만은 에스더의 잔치에 또 참석했습니다. 에스더는 왕에게 하만이 유대인 왕비 자신과 모르드개, 그리고 유대인 모두를 죽이려 하는 것을 알렸습니다. 왕과 매우 가까운 사람이었던 하만은 이제 왕의 가족과 왕의 은인을 해치려는 사람이 되었습니다. 왕은 화가 나 잔칫방에서 나갔습니다. 다급한 하만은 에스더가 기대고 있는 긴 의자 위로 올라와 가깝게 다가간 후 엎드려 빌었습니다. 잔칫방으로 돌아온 왕에게 그 모습은 하만이 에스더를 덮치는 것처럼 보였습니다. 왕은 더 이상 주저하지 않고 하만을 처형했습니다.

왕은 하만이 맡았던 신하 지위를 모르드개에게 주었습니다. 모르드개는 나라에서 가장 높은 신하가 되었습니다. 에스더는 왕에게 유대 민족을 해치려는 하만의 계획을 취소해 달라고 부탁했습니다. 왕은 에스더의 요청을 허락했습니다. 모르드개는 페르시아 전 지역의 유대인을 보호하는 법을 만들었습니다. 이에 따라 페르시아 각 지역에서 사는 많은 유대인이 안전하게 생활하며 성장할 수 있었습니다.

권력의 사용

하만과 에스더는 제국의 왕을 움직일 수 있는 대단한 권력자였습니다. 두 사람의 차이점은 하만은 사람을 해치는 일에 자기 권력과 재산을 걸었고 에스더는 사람을 살리는 일에 자기 권력과 목숨을 걸었다는 것입니다. 하만은 죄의 길을 가면서 멸망했고 에스더는 은혜의 길을 가면서 멸망을 피하고 원하는 결과를 얻었습니다. 아무리 대단한 권력과 많은 돈이 있어도 사람을 살리거나 돕는 일에 쓰지 못하면 아무 소용이 없습니다.

훗날 죄의 길을 갔던 하만과 똑같은 길을 간 사람이 한 명 더 있습니다. 바로 독일의 히틀러입니다. 히틀러는 자신의 권력으로 독일 제국에 있는 모든 유대인을 해치려고 하다가 망했던 사람입니다. 하만과 히틀러는 자기 시대에는 대단한 권력자였을지 몰라도 지금 시대에는 악을 행하고 망했던 사람의 대표적인 본보기가 되었을 뿐입니다.

에스더처럼 자기 민족을 위해 희생을 결심하는 것은 매우 대단한 일이지만 매우 어려운 일이기도 합니다. 에스더가 처음부터 어려운 일을 해내는 사람은 아니었습니다. 에스더는 하나님에게 진심으로 기도하고 용기를 얻었습니다. 우리도 어려운 일을 당할 때 하나님에게 기도하면서 은혜를 받아 힘든 시기를 견디고 이겨냅시다.

18. 에스라

귀향과 성전 건축

페르시아 왕은 강제로 끌려온 유대인에게 예전에 살았던 유대 지역으로 돌아가서 무너진 하나님 성전을 다시 지으라고 명령했습니다. 하나님이 페르시아 왕의 마음을 움직였기 때문이었습니다. 왕은 그 일을 위해 유대인에게 많은 돈과 물자를 주었습니다.

끌려간 지 약 70년 만에 많은 유대인이 고향으로 돌아왔습니다. 그렇다고 유대 지역이 페르시아로부터 독립한 나라가 된 것은 아니었습니다. 여전히 유대 지역은 페르시아 영토였습니다. 그동안 다른 민족이 유대 지역에 들어와 살고 있었기에 고향에 돌아온 유대인은 그 민족과 함께 생활하게 되었습니다.

유대인은 바벨론이 파괴했던 하나님 성전을 다시 짓기 시작했습니다. 유대인의 건축 활동을 본 그 지역의 다른 민족도 하나님 성전 건축에 참여하고 싶어 했습니다. 유대인은 자기들만 하나님의 백성이라 생각했기에 그 사람들의 도움을 거절했습니다. 유대인은 다른 민족이었던 페르시아 왕의 도움을 받아 성전을 지었으면서 함께 사는 다른 민족의 도움은 무시했습니다. 유대인의 이런 차별은 상당히 좋지 않은 태도였습니다.

무시당한 다른 민족은 화가 나 유대인의 성전 건축을 끈질기게 방해했습니다. 그럼에도 방해에도 불구하고 유대인은 성전 건축을 마무리했습니다. 이 성전은 솔로몬이 지은 첫 번째 성전에 이어 두 번째 성전이 되었습니다.

에스라 율법주의

페르시아 왕의 신하 중에 유대인 '에스라'라는 학자가 있었습니다. 페르시아 왕은 에스라에게 유대 지역으로 가서 하나님 율법이 제대로 지켜지는지 살피고 가르치라고 명령했습니다. 왕은 에스라에게 많은 재물을 주면서 그 재물을 하나님을 위한 일에 쓰라고 지원해 주었습니다.

유대 지역에 도착한 에스라는 유대인에게 하나님 율법을 열심히 가르쳤습니다. 그 율법은 하나님이 모세에게 주었던 십계명을 비롯한 다양한 생활 명령이었습니다. 유대인은 죄의 길을 가면서 나라가 망했었고, 낯선 곳으로 끌려가 고생하다가 고향에 다시 돌아와 자리를 잡았습니다. 힘겹게 공동체를 이룬 유대인은 또다시 죄의 길을 가서 망하고 싶지 않았습니다. 유대인은 에스라가 가르친 하나님 율법을 철저히 지키면서 은혜의 길을 가려고 했습니다. 유대인의 이런 생각과 행동으로 율법주의 유대교가 나타났습니다.

에스라는 유대인이 다른 민족과 결혼하여 가정을 이루고 생활하는 것을 보았습니다. 에스라는 이런 상황을 율법에 어긋나는 일로 보았습니다. 예전에 모세가 외국 사람과의 결혼을 금지했기 때문이었습니다.

> 그들(외국인)과 혼인하지도 말지니 네 딸을 그들의 아들에게 주지 말 것이요 그들의 딸도…
>
> 〈신명기 7장 3절, 외국인과의 혼인 금지 명령〉

그런데 모세는 외국 사람과의 결혼을 허락하기도 했었습니다.

> 포로 중의 아리따운 여자를 보고 그에게 연연하여 아내를 삼고자 하거든 그를 네 집으로 데려갈 것이요.
>
> 〈신명기 21장 11~12절, 외국인과의 혼인 허락 명령〉

이스라엘의 솔로몬 왕이나 북이스라엘의 아합 왕이 외국인과 결혼하고 본격적으로 우상 숭배를 하면서 나라와 백성을 죄의 길로 이끌었기 때문에 에스라는 강하게 외국인과의 결혼을 반대했습니다. 그러나 요셉이나 다윗의 조상 보아스는 외국인과 결혼했어도 우상 숭배를 하지 않으면서 죄의 길을 가지 않았습니다. 아무래도 에스라는 외국인과 결혼해서 얻는 이득보다 혹시나 생길 수 있는 위험을 훨씬 더 크게 여겼나 봅니다. 에스라는 외국인과 결혼한 유대인에게 서로 헤어질 것을 명령했습니다.

하나님이 정한 죄는 우상 숭배와 사람 괴롭힘입니다. 결혼 형태가 중요한 것이 아니라 죄를 짓지 않는 것이 중요합니다. 이스라엘이 남북으로 쪼개지고 그 두 나라가 망한 것은 외국인과 결혼했기 때문이 아니라 사람들 스스로가 죄의 길을 갔기 때문이었습니다.

물론 에스라는 유대인을 거룩한 백성으로 만들고 유대 사회를 지키려는 좋은 의도로 이런 결정을 했습니다. 그러나 좋은 의도라고 해서 어떤 일이든 해도 괜찮은 것은 아닙니다. 그 방법과 결과 또한 죄의 길에서 벗어나야 합니다. 하나님의 명령은 '부모를 공경해라, 살인하지 말라'처럼 그 결과를 명확하게 지시합니다. '이유가 있어서 부모를 때리고 욕한 것은 없었던 일로 하겠다' 혹은 '좋은 목적을 위해 살인한 일은 괜찮다'라는 명령은 없습니다.

따지고 보면 예전에 우상 숭배를 했던 왕들이 나라를 일부러 망치려고 그런 일을 한 것은 아니었습니다. 더 강한 나라를 만들고, 더 인정받는 왕이 되고 싶을 뿐이었습니다. 그러나 우상 숭배라는 죄의 방법을 선택했고, 죄짓는 나라를 만든 결과가 있었기에 멸망이라는 벌을 받았습니다.

율법에는 서로 반대가 되는 명령이 있기도 하고, 시대가 변해 생활에 맞지 않는 명령이 있기도 합니다. 그럴 때는 좋은 의도를 기준으로 삼기보다 우상 숭배나 사람 괴롭힘을 하지 않는 방향으로 판단 기준을 삼아야 합니다.

멀쩡한 가정을 이혼시키고 가족을 서로 헤어지게 만드는 일은 백성을 죄의 길로 가지 않게 막으려는 좋은 의도가 있었더라도 그 방법과 결과가 사람을 괴롭게 하는 일이기에 좋은 해결 방법으로 보기 어렵습니다. 청렴결백하게 생활하고 자기 민족과 하나님을 지극히 사랑했던 에스라였지만 이런 발자취는 아쉬움으로 남습니다.

페르시아 왕비 에스더와 고위 신하 모르드개가 만든 법은 페르시아 모든 지역의 유대인을 보호했습니다. 그리고 에스라가 가르치는 유대교 율법 역시 페르시아 왕의 지지를 받아 유대 지역의 법이 되었습니다. 고향 유대 지역으로 돌아온 유대인은 이러한 특별 보호와 지원을 받아 크게 성장하여 유대 사회를 이루었습니다. 유대 지역의 많은 사람이 유대교 율법을 따르며 살았기에 유대교 종교 지도자들은 유대 사회에 큰 영향을 끼쳤습니다. 유대 지역은 점점 유대인과 유대교가 중심이 된 사회가 되었습니다. 유대 지역은 제국의 나랏법과 유대교의 종교법 두 가지 법으로 이루어진 독특한 사회였고, 제국의 한 지역이었지만 마치 독립된 하나의 나라처럼 보이기도 했습니다.

가정이나 사회에서 일어나는 사건 사고를 보면, 일부러 무언가를 망치려고 한 일보다 무언가 잘해보려고 하다가 잘못된 일이 많습니다. 자기가 결정한 일이 좋은 의도로 한 일이라고 해서 가족, 친구, 동료, 주변 사람에게 괴로움을 주어도 되는 것은 아닙니다. 그 방법이나 결과가 죄가 되었다면 자기가 결정하고 저지른 일을 후회해야 합니다. 사람은 완전한 존재가 아니기에 자주 후회하고 살아야 합니다. 자기를 사랑해 주는 사람에게 상처 주었던 일, 상대방을 잘되게 만들려다가 오히려 상대방을 괴롭게 했던 일, 상대방에게 굳이 슬픔을 주지 않아도 될 일에 상대방을 몰아세웠던 일, 더 좋은 말과 행동으로 상대방을 대하지 못한 일 등을 후회하면서 상대방에게 미안해하고 하나님에게 털어놓고 하나님 은혜를 받아 그런 일을 점점 없애나가야 합니다. 우리의 남은 인생에서 후회할 일이 점점 줄어들기를 바랍니다.

19. 욥

욥과 친구들

오래전 아브라함 시대쯤 가나안 주변 지역에 '욥'이라는 사람이 살았습니다. 욥은 착하고 정직했으며 하나님을 존경하고 악을 미워했습니다. 그는 자녀가 10명이나 있는 좋은 부모였고 가축이 많은 부자이기도 했습니다. 욥은 하나님에게 감사하면서 죄짓지 않게 조심하며 살았습니다.

어느 날 사탄은 욥이 고난을 받아도 하나님을 계속 사랑하는지 시험하고 싶었습니다. 사탄은 사람의 수준을 뛰어넘는 존재로서 사람을 어려움에 빠뜨리거나 죄의 길로 이끄는 일을 주로 합니다. 사탄은 욥의 자녀를 해치고 재산을 빼앗았습니다. 욥은 여전히 하나님을 사랑했습니다. 사탄은 고난의 수준을 더 높여 욥의 건강을 망가뜨렸습니다. 욥은 갑자기 닥친 많은 어려움 때문에 너무 괴로웠습니다. 욥의 친구 3명은 욥을 위로하러 찾아왔습니다.

욥은 성실하고 겸손했지만 그 또한 사람이었습니다. 심한 어려움에 지친 욥은 친구들 앞에서 "이럴 거면 태어나질 말았어야 했는데…"라고 화내며 푸념했습니다.

'엘리바스'라는 친구는 욥에게 화내지 말고 기도하며 어려움을 견디면서 하나님에게 문제 해결을 맡기라고 말했습니다. 하나님이 준 벌을 기꺼이 견디면 나중에 복이 있다고 충고했습니다.

엘리바스의 충고는 겉으로 보면 그럴듯해 보이지만 실제로는 욥의 어려움을 덜어주기보다 부담을 주는 말이었습니다. 사람이 화날 때 화내는 것은 사람의 자연스러운 감정 표현입니다. 슬플 때 울어서 자기 슬픔을 덜어내듯, 화날 때 다른 사람에게 피해 주지 않으면서 화내는 것은 자신의 괴로움을 덜어내는 중요한 일입니다. 게다가 지금 당장 큰 괴로움을 겪는 사람에게 무작정 희망을 갖고 기도하라는 것은 절대 쉬운 일이 아닙니다. 하나님의 벌을 견디면 나중에 복이 온다는 것도 항상 이루어지는 사실이 아닙니다.

엘리바스의 충고는 욥에게 도움이 되지 않았습니다. 욥은 엘리바스에게 벌을 견디기가 너무 어려워 그저 죽고 싶다고 말했습니다. 욥은 서운한 마음에 하나님에게 계속 툴툴거렸습니다.

'빌닷'이라는 친구는 욥에게 불평하지 말고 하나님에게 용서를 빌라고 말했습니다. 하나님은 실수하지 않기에 욥의 고난은 억울할 것이 없고 욥이 자기 죄를 뉘우쳐야만 하나님이 벌을 없애준다고 충고했습니다.

빌닷의 충고 역시 겉으로 보면 그럴듯해 보이지만 실제로는 욥을 돕기보다 상처를 주는 말이었습니다. 고난당한 사람을 돕는 일은 문제 해결 방법을 가르치는 것과 위로하는 것이 있습니다. 그런데 빌닷처럼 문제 해결에 너무 집중하면 상대방을 위로하기보다 비난하기 쉽습니다. 고통받는 사람을 비난하면 상대방의 고통은 더욱 커질 뿐입니다. 이처럼 고난 당한 사람을 가르칠 때는 문제가 생길 수 있기에 조심해야 합니다. 하지만 위로할 때는 딱히 문제가 생기지 않기에 위로는 아주 좋은 도움이 됩니다. 선물이나 돈을 건네는 위로는 정성 있는 위로가 되며 그런 것 없이 함께 슬퍼해 주는 것도 충분히 좋은 위로가 됩니다.

빌닷의 충고는 욥에게 도움이 되지 않았습니다. 욥은 빌닷에게 자기는 죄가 없다고 주장했습니다. 욥은 하나님이 자기처럼 죄 없는 사람에게 벌을 주기도 한다고 말했습니다. 욥은 계속 원통해했습니다.

'소발'이라는 친구는 욥을 아예 죄인으로 결정하고 비난했습니다. 그는 욥이 죄를 지었지만 자기가 모르는 것뿐이라고 충고했습니다.

소발의 충고 역시 겉으로 보면 그럴듯해 보이지만 실제로는 욥의 문제를 해결하기보다 더 심각하게 만드는 말이었습니다. 누구나 살면서 자신이 잘못을 저질렀음에도 미처 그것을 깨닫지 못할 때가 있기 마련입니다. 그런데 하나님이 정한 죄는 판단하기 매우 어려운 일이 아닙니다. 하나님을 함부로 대하고 사람을 괴롭히는 것을 확인하는 일은 대단한 지식이 없어도 충분히 알 수 있는 일입니다. 꾸준히 성실하게 살았던 욥이 너무 무식해서 자기 죄를 찾지 못했거나 일부러 모른 척을 한다고 보기는 어렵습니다. 오히려 욥이 무슨 죄를 지었는지 확실히 알지 못하면서 무작정 욥을 죄인으로 몰아붙이는 소발의 행동이 사람을 괴롭히는 죄에 더 가깝습니다.

친구들은 욥에게 어떤 죄가 있는지 몰랐지만 무언가 죄가 있다고 계속 주장했고, 욥은 자기에게 죄가 없다고 계속 주장했습니다. 친구들은 하나님은 죄인에게만 벌을 준다고 주장했고, 욥은 하나님은 죄인이 아니어도 벌을 준다고 주장했습니다. 친구들과 욥은 죄와 하나님에 관해 아는 체하면서 서로 맞섰습니다.

이 상황을 보던 '엘리후'라는 사람이 욥과 친구들을 모두 꾸짖으면서 자신이 지혜롭게 가르쳐 주겠다고 말했습니다. 하지만 엘리후는 세 친구와 비슷한 말을 되풀이했고 오히려 횡설수설하면서 다짜고짜 욥을 무시하고 헐뜯었습니다.

고난의 이유

사실, 욥이 고난받는 이유는 욥의 이야기 맨 첫 부분에 이미 답이 나와 있었습니다. 사탄의 시험이 욥이 받는 고난의 이유였습니다. 욥의 친구들은 이런 이유를 모르면서도 욥을 무작정 죄인으로 보았습니다. 욥은 자기에게 고난을 준 존재가 사탄인 것을 모르면서도 무작정 하나님이 자기에게 벌주었다고 생각했습니다. 욥은 죄 없는 사람에게도 하나님이 벌을 준다는 근거 없는 말을 하기도 했습니다. 욥과 친구들이 다툰 이유는 욥이 고난받는 이유를 모두 제대로 알지 못하면서 자기 생각이 무조건 옳다고 여겼기 때문이었습니다.

이들에게 갑자기 하나님이 나타났습니다. 하나님은 세상 모든 일이 오묘하고 신비로워 사람의 감각과 지식으로는 그것을 이해하는 일에 한계가 있다고 말했습니다. 고난 또한 세상의 일이므로 사람은 고난을 제대로 알지 못합니다. 게다가 다양한 고난이 사람마다 다르게 나타나므로 세상 모든 고난의 원인과 해결 방법을 알기는 불가능합니다. 그뿐만 아니라 사람은 하나님과 차이가 크게 나기에 어쩔 수 없이 사람은 하나님을 제대로 알 수 없습니다. 하나님은 고난과 하나님에 관해 아는 척하는 욥과 친구들을 꾸짖었습니다. 욥과 친구들은 아는 척하며 상대방을 가르치려 하기보다는 조심히 말해야 했습니다.

선악과 사건에서 사람이 고난받는 이유는 사람의 죄 때문이었습니다. 욥 사건에서는 사탄의 시험이, 이스라엘 도피성에서는 사람의 실수가 고난의 이유가 되었습니다. 이처럼 고난은 자신이나 상대방 때문에, 사탄 때문에, 어쩔 수 없는 여러 이유 때문에 생길 수 있으므로 고난의 원인과 해결책에 관해 함부로 단정짓지 않아야 합니다.

욥의 세 친구와 엘리후는 진심으로 하나님을 두려워하며 공경하는 사람이었습니다. 문제는 그들에게 사랑이 부족했다는 것이었습니다. 친구들은 욥의 고난이 멈추길 바라며 해결 방법을 제시했지만 딱히 좋은 방법이 되지 못했습니다. 친구들은 옳고 그름을 따지는 일과 욥을 가르치려는 일에만 집중했고 욥을 위로하지 못했습니다. 친구들의 사랑 없는 논쟁과 가르침은 옳지도 않았고 욥에게 도움이 되지도 않았습니다. 오히려 욥을 더욱 힘들게 했습니다.

자기가 제대로 알지 못하는 일이나 돕기 힘든 문제라면

가르치기보다는 사랑해야 합니다. 사랑은 상대방의 고난을 자기가 대신 가져가고 희생하는 것이 아닙니다. 그저 함께 슬퍼해 주는 것만으로도 충분합니다. 친구들이 욥에게 상처 주지 않았다면 욥은 친구가 와 준 것만으로 많은 위로가 되었을 것입니다. 정말로 친구들이 욥을 걱정하는 마음으로 해결 방법을 말한 것이라면 강요하기보다는 사랑으로 권유해야 했습니다. 욥은 하나님에게 죄와 고난에 관해 함부로 말한 일을 사과했습니다.

> 정말 저는 알지도 못하면서 말하였고, 깨닫지 못하는 일들을 아는 체 하였습니다.
>
> 〈욥기 42장 3절, 욥의 뉘우침〉

하나님은 세 친구에게 자기 죄를 뉘우치는 제사를 하라고 명령했습니다. 욥에게는 어리석은 친구들을 위해 기도하라고 명령했습니다. 하나님은 죄 없이 고난받았던 욥에게 많은 은혜를 주어 욥을 위로했습니다. 우리는 사랑하는 사람이 어려움을 당할 때 위로하는 사람이 됩시다.

20. 예수님 1

사랑으로 큰 은혜

율법주의 부작용

어느덧 페르시아 제국 소속이었던 유대 지역은 그리스 제국 시대를 거쳐 로마 제국의 소속이 되었습니다. 유대 지역을 다스리는 나라는 바뀌었지만, 율법주의 유대교를 중심으로 이루어진 유대 지역 생활은 그다지 바뀌지 않았습니다.

하나님 율법 지키는 것을 가장 중요한 일로 여기는 유대교는 유대 지역과 유대인의 생활 기준이 되었습니다. 유대인은 또다시 하나님의 벌을 받아 망하고 싶지 않았고, 하나님의 은혜를 받아 로마 제국의 소속이 아닌 자기들만의 나라를 다시 만들고 싶었습니다. 특히 유대인은 자신들을 망하게 했던 우상 숭배를 철저히 금지하며 살았습니다.

유대인은 율법을 어긴 사람이 있으면 그 사람 때문에 유대 사회 전체가 하나님의 벌을 받는다고 생각했습니다. 그로 인해 유대교는 모든 유대인에게 율법을 철저히 지키라고 강요했습니다. 그런데 유대교 율법은 법의 개수가 600개가 넘을 정도로 매우 많았습니다. 유대인 모두가 그 많은 법을 평생 완벽하게 지키는 일은 현실적으로 불가능했습니다. 결국 법을 지키지 못하는 사람이 계속 생겨났습니다. 유대인은 끊임없이 서로를 감시하면서 율법을 어긴 사람을 고발하고 비난하며 처벌했습니다.

예수님의 정체

하나님은 자기 창조물 중 사람을 특별히 좋게 보았고, 사람의 죄를 특별히 나쁘게 보았습니다. 처음에 하나님은 사람의 죄 문제를 다루려고 죄지은 사람에게 친히 벌을 주면서 죄와 은혜에 대해 직접 가르쳤습니다(아담, 가인 등). 그러나 사람은 하나님과의 격차가 너무 컸기에 신의 가르침을 이해하고 받아들이지 못했습니다. 하나님은 제대로 가르쳤지만 사람은 제대로 배우지 못했습니다.

하나님의 가르침을 사람이 감당하지 못하자 하나님은 나라 이스라엘을 만들어 그 나라로 세상 사람에게 죄와 은혜를 가르치게 했습니다. 사람끼리는 격차가 크지 않으므로 사람이 서로 가르치고 배우는 것은 할 만한 일이었습니다. 그러나 이스라엘은 스스로 죄지으면서 맡은 역할을 감당하지 못했습니다. 사람이 제대로 가르치지 못했기에 사람이 제대로 배우지도 못했습니다.

하나님은 신의 존재인 자신의 아들을 사람 모습으로 세상에 보내 사람을 가르치게 했습니다. 신이 직접 가르치기에 제대로 가르칠 수 있었고, 사람의 모습으로 가르치기에 사람이 제대로 배울 수 있었습니다. 그리고 하나님은 그 아들을 통해 사람의 죄 문제를 직접 해결할 계획도 있었습니다.

하나님은 이런 이유로 자신의 아들 예수님을 사람의 모습으로 세상에 보냈습니다. 예수님은 지금으로부터 약 2000년 전에 로마가 다스리는 유대 지역의 '베들레헴'이라는 도시에서 태어났습니다. 유대인 여성 '마리아'는 성령으로 임신했고 예수님을 낳았습니다.

영혼은 '사람의 영'을 뜻합니다. 영혼은 사람의 눈으로 볼 수 없지만 육체와 함께 사람을 이루는 부분입니다. 영혼은 육체가 죽은 후에도 계속 존재한다는 것이 중요한 특징입니다. 그에 반해 성령은 '하나님의 영'을 뜻합니다. 성령은 하나님의 능력이기도 하고 하나님의 일하시는 방법이기도 하며 하나님 그 자체이기도 합니다. 성경에서는 하나님의 능력이란 의미로 사용할 때가 많습니다.

예수님은 사람의 모습으로 세상에 왔지만 자신이 신이라는 것도 세상에 알릴 필요가 있었습니다. 그동안 하나님이 보낸 선지자조차 무시당한 적이 많았기에 예수님이 사람의 모습으로만 가르치는 것은 여러 문제가 있었습니다.

자기가 수학 천재라는 것을 알리려면 보통 사람이 풀지 못하는 문제, 즉 수학 천재만 해결할 수 있는 문제를 풀어서 보여 주면 됩니다. 예수님은 자신이 신이라는 것을 나타내기 위해 사람은 할 수 없는 일, 즉 신만 할 수 있는 일인 기적을 보여 주었습니다.

예수님은 사람의 질병을 한순간에 고치거나, 죽은 사람을 살리거나, 빵 다섯 개와 물고기 두 마리로 약 5,000명의 사람을 먹이는 등 다양한 기적을 많은 사람에게 보여 주었습니다. 하나님의 아들로서 사람에게 큰 재앙을 내리거나 무시무시한 힘을 보여 주는 것이 신의 존재를 알리는 쉬운 방법이었지만 예수님은 그런 방법을 쓰지 않았습니다. 주로 사람을 살리거나 돕는 일과 관계있는 기적을 보여 주었습니다. 그런 기적만이 사람을 두렵게 하지 않으면서 예수님을 따르고 배우게 하며, 사람 사랑까지 자연스럽게 가르칠 수 있었습니다.

예수님의 가르침

오래전 다윗은 왕이 되자마자 주변 나라를 물리치고 자기 나라를 독립시켰습니다. 유대인은 로마 제국을 물리치고 모세 시대부터 자기 땅이었던 유대 지역을 독립시켜 줄 다윗 같은 지도자를 하나님이 보내 주길 원했습니다. 그러나 하나님은 그런 문제를 해결해 주는 지도자가 아닌, 하나님 사랑과 사람 사랑을 가르치고 죄 문제를 해결할 예수님을 보냈습니다.

예수님은 하나님 사랑을 이렇게 가르쳤습니다.

네 마음을 다하고 목숨을 다하고 뜻을 다하여 **(열심히)** 주 너의 하나님을 사랑하라 하셨으니.
〈마태복음 22장 37절 - 예수님의 하나님 사랑 가르침〉

간단히 말해서 하나님 사랑을 열심히 하라는 것입니다. 그 당시 유대교에는 크게 바리새파와 사두개파가 있었습니다. 오늘날 기독교에 가톨릭파와 개신교파가 있는 것과 비슷합니다. 바리새파와 사두개파는 성경 해석이 서로 조금씩 달랐을 뿐 둘 다 우상숭배를 금하며 율법에 따라 생활하는 것을 강조했습니다. 유대인은 이 두 세력을 중심으로 율법을 철저히 지키며 하나님 사랑을 열심히 실천하려고 했습니다. 겉으로 보면 유대인의 하나님 사랑은 문제가 없었습니다.

예수님의 이 가르침은 오래전 모세가 이스라엘 백성에게 했던 가르침과 똑같았습니다.

> "너는 마음을 다하고 뜻을 다하고 힘을 다하여**(열심히)** 네
> 하나님 여호와를 사랑하라"
>
> 〈신명기 6장 5절 - 모세의 하나님 사랑 가르침〉

모세의 이 말은 십계명 1~4번 하나님 사랑 부분의 핵심 내용이기도 합니다.

1. 나 외에 다른 신들을 두지 마라.

〈다른 신을 섬기지 않는 것〉

2. 우상을 만들고 예배하고 섬기지 마라.

〈나무나 금속으로 만든 우상을 섬기지 않는 것〉

3. 하나님 이름을 함부로 부르지 마라.

〈하나님 이름을 함부로 사용하지 않는 것〉

4. 안식일을 기억하여 거룩한 날로 지켜라.

〈일주일에 하루는 시간을 내어 예배하는 것〉

예수님은 하나님을 열심히 사랑하라고 했기에 그 가르침을 따르려면 이 4가지 명령을 열심히 지켜야 합니다. 사람이 어떤 일을 '하는 것'과 '하지 않는 것' 중에서 대체로 '하는 것'이 훨씬 더 어렵습니다. 매일 달리기를 1시간씩 하는 것과 하지 않는 것 중에서 하는 것이 훨씬 더 힘듭니다. 게다가 어떤 일을 '열심히 하는 것'은 큰 노력이 필요하기에 매우 어려운 일이지만 '열심히 하지 않는 것'은 그다지 어려운 일이 아닙니다. 다른 신이나 우상을 숭배하는 일, 하나님 이름을 무례하게 사용하는 일을 열심히 하지 않는 것은 하나님을 함부로 대하지 않고 존경하며 두려워하면 되는 일입니다.

그 대신 안식일을 열심히 지키는 것, 즉 하루를 평일과 구별하여 하나님에게 예배하는 일은 '하는 것'이라서 비교적 어렵게 느낄 수 있습니다. 하지만 하나님이 정한 예배는 매일 여러 번 하는 것이 아니라 일주일에 한 번 하는 것이기에 실제로 그리 어려운 일이 아닙니다. 더구나 하나님은 아담 시대부터 예수님 시대까지 예배나 명절을 잊었거나 형식이 조금 틀렸다고 벌을 내린 적이 없습니다.

예수님은 사람 사랑을 이렇게 가르쳤습니다.

> 네 이웃을 네 자신 같이 **(열심히)** 사랑하라 하셨으니.
> 〈마태복음 22장 39절 - 예수님의 사람 사랑 가르침〉

간단히 말해서 사람 사랑을 열심히 하라는 것입니다. 그 당시 유대교 율법에는 사람 사랑에 관한 율법이 많았기에 유대인이 율법을 철저히 지킨다면 자연스럽게 사람 사랑을 열심히 실천할 수 있었습니다. 겉으로 보면 유대인의 사람 사랑에 문제가 없었습니다.

예수님의 이 가르침 역시 오래전 모세가 이스라엘 백성에게 했던 가르침과 똑같았습니다.

> "네 이웃 사랑하기를 네 자신과 같이 **(열심히)** 사랑하라 나는 여호와이니라"
> 〈레위기 19장 18절 - 모세의 사람 사랑 가르침〉

모세의 이 말은 십계명 5~10번 사람 사랑 부분의 핵심 내용이기도 합니다.

십계명 5~10

5. 아버지와 어머니를 잘 섬겨라.

⟨부모를 공경하는 것⟩

6. 살인하지 마라.

⟨살인하지 않는 것⟩

7. 간음하지 마라.

⟨불륜하지 않는 것⟩

8. 도둑질하지 마라.

⟨도둑질하지 않는 것⟩

9. 이웃에 대하여 거짓 증언을 하지 마라.

⟨사기 치지 않는 것⟩

10. 이웃의 것은 어떤 것도 탐내지 마라.

⟨남의 재산을 빼앗으려는 마음을 갖지 않는 것⟩

예수님은 사람을 열심히 사랑하라고 했기에 그 가르침을 따르려면 이 6가지 명령을 열심히 지켜야 합니다. 부모를 공경하는 것은 '하는 것'이라서 비교적 어렵게 느낄 수 있습니다. 그러나 자신과 상관없는 사람을 공경하는 일이 아니라 자신을 보살핀 자기 부모를 열심히

사랑하는 것이기에 충분히 할 만한 일입니다.

살인·간음·도둑·사기·탐욕을 저지르면 안 된다는 것은 굳이 율법으로 정하지 않아도 누구나 아는 일입니다. 물론 살면서 다른 사람에게 작은 피해조차 전혀 주지 않고 완벽하게 사는 것은 불가능합니다. 그러나 이런 범죄를 저지르는 일을 열심히 하지 않는 것은 사람을 함부로 대하지 않고 존중하며 살면 되는 일입니다.

결국 예수님의 가르침은 하나님에게 그리고 사람에게 함부로 대하는 일, 즉 죄짓는 일을 열심히 하지 말라는 것으로 볼 수 있습니다.

하나님은 율법을 잘 지키라고 명령했고, 유대인이 그 율법을 열심히 지키는 것은 겉으로 보기에 하나님 사랑과 사람 사랑을 실천하는 올바른 일로 생각되었습니다. 하지만 실제로 사람들은 서로를 감시하고 미워하면서 사람 사랑에 점점 실패했습니다. 유대인의 이런 실패는 하나님이 보기에 좋은 일이 아니었습니다. 사람 사랑 실패는 하나님 사랑 실패로 이어졌습니다. 세상에서 축복의 통로가 되어 좋은 본보기가 돼야 하는 유대 사회는 또다시 좋지 않은 본보기가 되었습니다.

스마트폰은 사람 생활을 돕기 위해 만든 도구입니다. 스마트폰을 이용하기 위해 사람이 사는 것이 아닙니다. 이와 비슷하게 율법은 사랑의 실천을 위해 하나님이 만들어 준 도구입니다. 율법을 지키려고 사랑을 소홀히 여기는 것은 과자를 사서 내용물은 버리고 봉지만 갖는 것과 같습니다.

사랑으로 은혜받는 삶

하나님은 하나님을 사랑하고 율법을 지키는 사람에게 큰 은혜를
준다고 약속했습니다.

> 나(하나님)를 사랑하고 내 계명(율법)을 지키는 자에게는 천
> 대까지(큰) 은혜를 베푸느니라.
> 〈출애굽기 20장 6절, 사랑의 실천으로 큰 은혜를 받음〉

하나님 사랑과 율법 준수는 자기가 대단한 노력을 해서 철저히
이루는 일이 아닙니다. 그저 하나님과 사람에게 함부로 대하지만
않아도 충분히 이루는 일입니다. 거기에 자기에게 은혜 준 하나님에게
감사하고, 일주일에 한 번은 성실하게 예배에 참여하고, 자기를 보살핀
사람에게 공손히 대하며, 자신이 얻은 것을 주변 사람과 함께 조금씩
나눈다면 매우 좋은 하나님 사랑과 율법 준수가 됩니다.

특별한 재능이 있는 사람, 운이 굉장히 좋은 사람, 대단한 집에서 태어난
사람, 뛰어난 외모를 가진 사람, 지능이 매우 높은 사람만 복 받은 사람이
아닙니다. 사랑의 사람이 되어 하나님에게 많은 은혜를 받는 사람도 복 받
은 사람입니다. 오히려 그런 사람이 진정한 은혜, 큰 은혜를 받은 사람입
니다. 우리는 예수님의 이런 가르침을 잊지 말고 실천하면서 큰 은혜를 받
는 삶을 삽시다.

21. 예수님 2

예수님의 죽음

예수님이 많은 기적과 말씀으로 율법보다 사랑을 더 중요하게 가르치자 예수님을 따르는 사람이 점점 늘어났습니다. 한편 율법을 가장 중요하게 여기는 유대교의 바리새파와 사두개파 사람들은 예수님을 점점 미워했습니다. 바리새파와 사두개파의 율법주의자들은 급기야 예수님을 곤경에 빠뜨려 죽일 계획을 세웠습니다. 율법주의자들은 예수님을 향한 시기와 질투, 유대교 전통만 옳다고 여기는 고집 때문에 '살인하지 말라'라는 중요한 율법을 지키지 않으려고 했습니다. 율법을 가장 중요하게 생각하는 사람들이 일부러 율법을 어기는 일을 꾸민 것이었습니다.

그 당시 유대 지역은 두 가지 종류의 재판이 있었습니다. 하나는 대제사장이 관리하는 종교 재판이었고 다른 하나는 로마 총독이 관리하는 일반 재판이었습니다. 두 재판 모두 죄인으로 결정된 사람에게 사형까지 벌줄 수 있었습니다. 종교 재판은 주로 하나님을 모욕하는 신성 모독죄나 중요한 유대교 율법을 어긴 잘못을 다뤘고, 일반 재판은 주로 사회 질서를 어지럽힌 잘못을 다뤘습니다.

어느 날 예수님의 제자 '가룟 유다'가 예수님을 신성 모독죄로 대제사장에게 고발했습니다. 일단 고발 사건이 생기면 대제사장은 죄인으로 고발된 사람을 붙잡아 고발한 내용을 재판합니다. 평상시에 종교 재판은 낮에 '공회'라는 곳에서 이루어졌지만 특이하게 예수님의 종교 재판은 한밤중에 '대제사장 집'에서 이루어졌습니다. 그 시간에 그곳에서 예수님의 재판 때문에 모인 사람은 대부분 대제사장 쪽 사람들이었습니다.

대제사장 쪽 사람들은 예수님을 죄인으로 만들려고 여러 가지 거짓말을 했습니다. 아무래도 대제사장은 곤경에 빠진 예수님이 두려워하거나 억울해하거나 화내는 인간적인 모습을 보여주길 기대했던 것 같습니다. 그러나 기대와 달리 대제사장이 질문했을 때 예수님은 자신이 하나님의 아들이라고 당당하게 주장했습니다. 그 대답을 들은 대제사장은 예수님을 신성 모독죄로 판결했습니다.

대제사장이 신성 모독죄로 판결했다면 그때부터는 공회에서 예수님을 처형할 수 있습니다. 그동안 예수님이 행한 많은 기적을 들었고 억울한 재판에서도 당당한 모습을 직접 본 대제사장은 예수님을 직접 처벌하지 않았습니다. 아무래도 대제사장은 예수님을 하나님의 아들로 인정하진 않았지만 선지자급 인물로는 인정했나 봅니다.

종교 재판으로 예수님을 직접 죽이기 껄끄러웠던 대제사장은 일반 재판을 사용하여 예수님을 죽이려고 했습니다. 대제사장은 이른 아침에 유대 지역에서 일반 재판을 관리하던 로마 총독, 빌라도에게 예수님을 '백성을 선동하여 사회 질서를 어지럽히고 자신을 유대인의 왕이라고 주장하며 반란을 일으키려는 사람'으로 고발했습니다. 예수님은 사회를 혼란하게 만들거나 반란을 계획하지 않았기에 빌라도는 예수님의 불법 행위를 찾을 수 없었습니다.

대제사장과 그의 주변 사람들은 강력하게 예수님을 죄인으로 몰았습니다. 흥분한 유대인이 폭동을 일으킬까 걱정한 빌라도는 예수님이 무죄인 것을 알면서도 예수님에게 사형선고를 내렸습니다. 빌라도는 예수님을 희생시켜 소란스러운 상황을 적당히 마무리하고 싶었기 때문이었습니다. 예수님은 오전에 십자가에서 처형되었습니다.

아담 시대부터 사람이 하나님에게 죄를 지었을 때는 죽음과 관계있는 벌을 받았습니다. 사람이 죄지을 때마다 이처럼 큰 벌을 받는 것은 사람이 감당하기 너무 어려운 일이었습니다. 하나님은 사람이 하나님에게 바치는 감사 표현이었던 제사를 자기 죄를 없애는 일에 어느 정도 이용할 수 있도록 해 주었습니다. 동물을 제물로 희생시켜 사람의 죄를 대신 없애는 제사를 속죄 제사라고 합니다.

> (제사는) 그(바친 사람)를 위하여 기쁘게 받으심이 되어 그를 위하여 속죄가 될 것이라.
>
> 〈레위기 1장 4절, 하나님의 속죄 제사 명령〉

시간이 지나면서 사람이 죄를 점점 많이 저지르자 죄지을 때마다 제사를 드리기가 어려워졌습니다. 살인 같은 강력한 죄는 제사로 없애지 못했습니다. 이처럼 죄 문제를 해결하는 일에 제사는 한계가 있었습니다. 게다가 죄를 지어도 제사만 지내면 된다는 식으로 제사를 나쁘게 사용하거나, 번거롭다는 이유로 제사를 아예 지내지 않거나, 겉모습만 화려하고 거창하게 제사를 지내려고 하는 등 제사에 많은 문제가 생겼습니다.

속죄 제사 때 희생되는 제물은 죄가 없는 동물이어야 하며 그 동물은 사람의 죄를 대신 뒤집어쓰고 죽습니다. 성경 인물 중에서 예수님을 제외한 모든 사람에게 실수나 잘못한 부분이 나타나지만 오직 예수님만 그런 결점이 나타나지 않았습니다. 예수님은 십자가에서 스스로 죄가 없는 제물이 되었고, 유대인이 가장 하찮게 여기는 형벌인 나무에 매달린 채로 죽는 벌을 받았습니다. 하나님의 아들 예수님은 사람의 모습으로 이 세상에 와서 사랑과 은혜의 길을 가르치고 십자가에서 모든 사람의 죄를 대신 뒤집어쓰고 제물이 되어 죽었습니다.

예수님의 부활

예수님은 십자가에서 죽고 3일 후 일요일 아침에 다시 살아났습니다.

속죄 제사에서 제물이 된 동물은 사람의 죄를 대신 뒤집어쓰고 무기력하게 죽으면서 끝납니다. 그러나 예수님은 세상 사람을 위해 제물이 되어 죽었지만 부활로 그 죽음을 이겨냈습니다. 세상의 그 어떤 생명체도 자기 죽음을 스스로 극복하지 못하지만 예수님은 죽음을 스스로 넘어섰습니다. 예수님은 세상 사람의 죄를 대신 감당하고 무기력하게 패배하지 않았습니다. 다시 살아나면서 세상 사람의 죄를 이겨냈습니다. 하나님이 보낸 선지자들은 이런 일을 하지 못했습니다. 자기 스스로 부활하는 일은 오직 하나님의 아들로서, 신으로서 가능한 일이었습니다.

예수님의 부활은 지금으로부터 대략 2000년 전에 있었던 과거의 사건이지만 그 사실을 자기가 믿으면 단순한 과거의 사실이 아닌 자신과 상관있는 일이 됩니다. 특히 예수님이 '내 죄를 대신하여 죽고 부활했다'라고 생각하면 자신의 죄 문제 특히 자기 영혼의 죄 문제가 해결되는 것입니다.

> "믿음의 결국 곧 영혼의 구원(건짐)을 받음이라"
> 〈베드로전서 1장 9절, 제자 베드로의 말〉

흔히 기독교에서 말하는 '예수님을 믿는 것'의 의미는 예수님이 하신 일과 가르침을 하나도 빠짐없이 모두 알고 기억하며 받아들이는 것이 아닙니다. 우리의 영혼 구원을 위해 예수님이 대신 겪은 '예수님의 죽음'을 믿고, 하나님의 아들로서 죽음과 죄를 이겨냈던 '예수님의 부활'을 믿는 것입니다. 즉, 예수님의 죽음과 부활을 자기가 일부러 거부하지 않고 받아들이기만 하면 되는 상당히 간단한 일입니다. 기독교에선 이것을 '복음'이라고 말합니다.

천국과 구원

예수님은 하나님 뜻을 따라 사는 사람은 하늘나라, 즉 천국에 들어간다고 말했습니다.

> 나더러 주여 주여 하는 자마다 다 천국에 들어갈 것이 아니요 다만 하늘에 계신 내 아버지의 뜻대로 행하는 자라야 들어가리라.
>
> 〈마태복음 7장 21절, 예수님의 말씀〉

선악과 사건으로 이 땅에 태어난 사람은 언젠가 죽음을 맞이하게 되었습니다. 그런데 사람의 육체는 죽어서 흙으로 돌아가지만, 하나님 뜻에 맞는 사람의 영혼은 하나님이 다스리는 천국으로 간다고 예수님이 말했습니다.

하나님 뜻에 맞는 사람은 죄에서 벗어난 사람입니다. 사람의 영혼은 예수님의 부활을 믿음으로 자기 영혼의 죄 문제를 모두 해결 받습니다. 그 때문에 예수님을 믿은 사람은 자기 육체가 죽고 영혼만 남았을 때 자기 영혼이 천국에 들어가게 됩니다. 그것이 '구원'입니다.

믿음 구원과 사랑 은혜

그런데 예수님을 믿고 영혼 구원을 받은 사람이 이 세상에 살면서 죄를 마음껏 저질러도 되는 특별 혜택을 받은 것은 아닙니다. 영혼의 죄 문제는 예수님 부활을 믿음으로 해결되지만 여전히 육체의 죄 문제는 남아있습니다. 사람이 이 세상에서 사는 동안에는 계속 죄 문제를 다루고 살아야 하는 것입니다.

사람은 지능이 높고 욕심이 많아 자신과 주변 상황을 이용하여 끊임없이 더 많은 이득을 얻으려고 하기에 언제든지 우상 숭배나 사람 괴롭힘의 죄를 저지를 수 있습니다. 사람이 죄의 길을 가지 않으려면 자기가 지은 죄를 회개하며 감당하고, 자기가 죄짓는 일을 줄이고, 하나님과 사람을 사랑하며 살아야 합니다. 하나님은 사람을 특별히 사랑하여 모든 사람에게 은혜를 주고, 죄짓지 않는 사람에게는 더 큰 은혜를 줍니다. 우리는 죄짓지 않는 은혜의 길을 가면서 많은 은혜를 받는 삶을 살아야 할 것입니다.

그러려면 죄에서 벗어나는 방법과 하나님에게 은혜받는 방법을 더 자세히 알고 배우기 위해 교회를 통해 신앙생활을 할 필요가 있습니다.

예수님의 가르침과 복음은 예수님 제자들(베드로, 바울, 요한 등)을 통해 온 세상에 전파되었습니다. 사람의 모습으로 세상에 온 예수님은 사람에게 죄와 은혜를 가르치는 일과 사람의 영혼을 구원하는 일을 모두 이루고 하늘나라로 돌아갔습니다.

예수님 부활을 믿음으로 천국에 가는 큰 은혜를 받고, 사랑의 실천으로 세상에서 하나님의 큰 은혜를 받길 바랍니다.

22. 베드로

사도 베드로

예수님의 십자가 사건이 있기 전, 많은 사람이 예수님의 기적과 가르침을 보고 예수님을 따랐습니다. 예수님은 자신을 따르는 사람 중에서 가르침을 제대로 전할 만한 사람 열두 명을 뽑았습니다. 그들을 열두 제자 혹은 십이 사도라고 부릅니다. 십이 사도 중에서 가장 유명한 사람은 베드로입니다. 베드로는 사도가 되기 전에는 어부였습니다.

베드로가 어부였을 때 예수님은 베드로의 배에 올라타 "깊은 데로 가서 그물을 치고 고기를 잡아라"라고 말했습니다. 그날 밤새도록 고기를 1마리도 잡지 못했던 베드로는 예수님의 말을 믿기 어려웠지만 시킨 대로 그물을 던졌습니다. 그러자 그물이 찢어질 정도로 많은 고기가 잡혔습니다. 이날 이후로 베드로는 어부 직업을 버리고 본격적으로 예수님을 따랐습니다. 베드로는 예수님의 제자로 생활하면서 예수님의 기적을 더욱 생생하게 경험했고 그 가르침도 더욱 제대로 배울 수 있었습니다.

어느 날 예수님은 제자들에게 유대인이 자기를 누구로 알고 있는지 물었습니다. 제자 대부분은 많은 유대인이 예수님을 선생님 혹은 선지자, 예언자로 여긴다고 대답했습니다. 그러나 베드로는 "예수님은 살아계신 하나님의 아들입니다"라고 말했습니다. 베드로는 예수님을 특별한 사람이 아닌 하나님의 아들로 인정했습니다.

> 시몬 베드로가 대답하여 이르되 주는 그리스도(구원자)시요 살아
> 계신 하나님의 아들이시니이다.
> 〈마태복음 16장 16절, 베드로의 고백〉

그런데 베드로의 이런 생각은 그리 오래가지 못했습니다. 예수님이 가룟 유다의 고발로 체포되고 대제사장 집에서 어려움을 당하자 베드로는 예수님을 모른 척했습니다. 아무래도 많은 문제를 기적으로 해결했던 예수님이 대제사장 무리에게 당한 억울한 일을 직접 해결하지 않자 베드로는 큰 혼란이 왔나 봅니다.

그 이후로 베드로는 고향으로 돌아가 다시 어부가 되었습니다. 예수님의 기적과 가르침을 가까이에서 보았던 베드로는 용기와 믿음이 있었지만, 예수님의 고난을 가까이에서 보자마자 베드로는 그 용기와 믿음을 한순간에 잃어버렸습니다. 이처럼 사람은 주변 상황이나 형편이 바뀌면 자기가 굳게 믿었던 생각이 바뀌기도 합니다.

오순절 성령 사건

십자가 사건 이후 부활한 예수님은 다시 어부가 된 베드로와 흩어졌던 다른 제자들 앞에 나타나 자신의 부활을 직접 보여주었습니다. 예수님은 제자들에게 예수님의 가르침과 복음을 세상 널리 전하라고 지시하고 하나님 곁으로 돌아갔습니다.

제자들은 예수님의 부활을 직접 보고도 여전히 용기와 믿음이 부족해 예수님의 가르침을 널리 전하지 못했습니다. 대제사장과 바리새파와 사두개파 사람들이 마음만 먹으면 누구든 해칠 수 있다는 것을 보았기 때문이었습니다.

그러던 어느 날 곡식 추수를 감사하는 유대인 명절, '오순절'에 열두 제자와 예수님을 따르던 많은 사람이 성령을 받았습니다. 성령을 받는 것은 하나님으로부터 기적, 은혜, 방언(외국 말 혹은 특이한 말), 예언, 치유, 사랑, 영감, 지혜 등등 특별한 능력을 받는 것을 뜻합니다.

이 오순절 사건 이후 제자들은 용기를 얻어 당당하게 예수님의 가르침과 복음을 유대인들에게 전했습니다. 이처럼 사람들에게 예수님의 가르침을 알리고 복음을 널리 전하여 사람들을 은혜의 길로 이끄는 것을 '전도'라고 합니다. 율법주의자들은 제자들의 이런 활동을 막으려 했으나 제자들은 두려워하지 않고 계속 전도했습니다.

유대교 나사렛파

유대 지역에서 베드로와 제자들이 본격적으로 전도 활동하자 많은 사람이 복음을 듣고 예수님을 따랐습니다. 예수님을 따르는 사람이 계속 늘어나면서 그들은 유대교 안에서 큰 무리가 되었습니다. 바리새파, 사두개파처럼 이 무리는 '나사렛파'라고 불렸습니다. 나사렛파는 유대교의 바리새파, 사두개파 다음으로 큰 세력이 되었습니다.

베드로는 유대교 나사렛파의 지도자가 되어 열심히 복음을 전했습니다. 성령의 능력으로 베드로는 사람에게 기적을 행하기도 하고 사람을 모아 예수님의 사랑과 복음을 가르치기도 했습니다.

어부였던 베드로는 예수님의 제자가 되었다가 다시 어부로 돌아갔다가, 또다시 예수님의 제자가 되었고 나중에는 복음을 전하는 무리의 지도자가 되었습니다. 이 많은 일이 불과 1~2년 만에 일어났습니다. 베드로는 과연 자기 인생이 이렇게나 복잡하고 빠르게 바뀌는 것을 알았을까요?

사람은 자기 미래를 알지 못합니다. 그렇기에 자기 미래를 함부로 판단하지 말고 예수님의 부활을 믿고 성실하게 사랑하며 살다 보면, 언젠가 하나님의 은혜를 크게 받을 때가 있을 것입니다. 그날을 직접 경험하는 사람이 되길 축복하고 기도합니다.

23. 바울

사도 바울

오순절 성령 사건 이후로 예수님의 제자들은 유대교의 한 갈래인 '나사렛파'를 만들었습니다. 바리새파와 사두개파는 율법을, 나사렛파는 율법보다 예수님의 복음을 가장 중요하게 여겼으므로 서로 사이가 좋지 않았습니다.

유대 사회에서 바리새파와 사두개파는 종교 재판을 맡아서 관리하는 사람들이었습니다. 그들은 종교 재판을 사용하여 예수님을 모함한 것처럼 예수님을 따르던 나사렛파도 괴롭혔습니다. 그들은 나사렛파를 마음껏 고발하고 체포하여 유죄 판결을 내렸습니다. 이처럼 나사렛파를 억누르는 일에 열심히 앞장섰던 사람 중 한 명이 바로 '바울'이란 사람이었습니다.

어느 날 바울은 나사렛파 사람을 체포하러 먼 길을 가던 중에 환상으로 예수님을 만났습니다. 예수님은 바울을 제자로 삼고 그를 다른 민족에게 복음을 전하는 사람으로 쓰겠다고 말했습니다. 다른 민족에게 복음을 전하는 것을 주로 '선교'라고 말합니다. 바울은 예수님의 말을 따르기로 결심하고 나사렛파가 되었습니다. 바울은 예수님의 부활을 믿고 구원받는 것과 사람 사랑이 율법의 완성, 곧 은혜받는 일인 것을 많은 사람에게 전했습니다. 율법주의자 바울은 예수님을 만나고 복음주의자, 사랑주의자가 되었습니다.

> 네가 만일 네 입으로 예수를 주로 시인하며 또 하나님께서 그(예수님)를 죽은 자 가운데서 살리신 것(부활)을 네 마음에 믿으면 구원을 받으리라.
>
> 〈로마서 10장 9절, 바울의 말 – 복음으로 구원〉

> 사랑은 이웃에게 악을 행하지 아니하나니 그러므로 사랑은 율법의 완성이니라
>
> 〈로마서 13장 10절, 바울의 말 – 사랑으로 은혜〉

기독교

바울은 오늘날의 시리아, 터키, 그리스, 이탈리아 등 여러 지역을 다니며 선교 활동을 했습니다. 오늘날 여러 나라를 다니며 활동하려면 각 나라마다 입국 허가(비자)를 받아야 합니다. 또한 각 나라의 언어도 일일이 배우고 알아야 합니다. 그런데 바울 시대에는 이 지역들이 모두 로마 제국 소속이었기에 바울은 자유롭게 여러 지역을 다닐 수

있었습니다. 로마 제국에서는 모든 지역이 그리스말(헬라어)을 썼기에 그리스 언어만 알아도 어디서든 충분히 의사소통할 수 있었습니다. 로마 제국은 바울 같은 유대인을 억압하는 나라였지만 바울의 선교 활동에 도움이 되는 나라이기도 했습니다.

유대 지역이든 다른 지역이든 유대인이 사는 곳에는 모여서 예배하는 장소, '회당'이 있었습니다. 바울은 각 지역의 회당에서 복음을 전했습니다. 바울의 선교 활동으로 그 지역에서 살던 많은 유대인과 다른 민족들이 예수님을 믿게 되었습니다.

그런데 회당은 유대교 나사렛파의 바울만 이용하는 곳이 아니었습니다. 유대교의 바리새파와 사두개파도 회당을 이용할 수 있었습니다. 바리새파와 사두개파는 바울의 선교 활동을 듣고 쫓아와 회당에서 바울을 방해했습니다. 그들은 예수님이 아닌 할례·음식법·제사법 같은 유대교 율법만을 강조하면서 바울이 복음과 사랑을 전하는 일을 어렵게 만들었습니다.

바울은 혼란한 회당에서 예수님을 믿는 무리를 따로 모아 교회를 세웠습니다. 바울은 많은 지역에 교회를 세웠고 예수님을 믿는 사람은 더욱 많아졌습니다. 교회의 지도자 바울을 중심으로 예수님을 믿는 무리는 더 이상 유대 지역과 유대인을 위한 유대교 나사렛파가 아닌, 세상 모든 지역과 세상 모든 사람을 위한 기독교가 되었습니다. 바울의 선교 활동은 복음이 유대교라는 틀에서 벗어나 독자적인 기독교가 되는 일에 큰 역할을 했습니다.

바울의 고난

바리새파와 사두개파는 바울의 교회까지 쫓아갔습니다. 그들은 회당에서 했었던 것처럼 교회에서도 사람들에게 유대교 율법을 지키라고 강요하면서 교회를 혼란하게 했습니다. 그들은 예수님을 모함했던 것처럼 바울이 그 지역의 사회 질서를 어지럽힌다고 거짓 고소하면서 교회와 바울을 괴롭혔습니다. 바울은 혼란한 교회에서 쫓겨나기도 하고, 거짓 고소 때문에 도시에서 추방되기도 했습니다.

바울은 유대교인일 때는 유대교인으로서 매우 열심히 살았고 기독교인일 때는 기독교인으로서 매우 열심히 살았습니다. 그는 자기가 옳다고 생각하는 일을 할 때는 물불을 가리지 않고 최선을 다했습니다. 그러나 자기가 살아있을 때 성공보다 실패를 더 많이 겪었던 사람이었습니다.

바울은 많은 곳을 돌아다니며 복음을 열심히 전파하고 교회를 많이 세웠지만 자기에게 주로 돌아오는 것은 자신을 향한 비난과 교회 다툼으로 인한 실망이었습니다. 열심히 일해서 예수님의 복음이 널리 퍼지는 것을 보더라도 항상 어느샌가 고난이 닥쳐왔습니다. 더 나아가 나중에 바울이 죽을 때에는 수많은 기독교인이 로마 황제에게 가혹하게 괴롭힘당하는 것을 보았습니다.

살아생전 평생 고난과 함께 살았던 바울이 각 지역 교회에 보낸 모든 편지 인사말과 맺음말에는 다음과 같은 말이 있습니다.

> 하나님 우리 아버지와 주 예수 그리스도로부터 은혜와 평강이
> 너희에게 있을지어다.
>
> 〈에베소서 1장 2절, 바울의 인사〉

바울은 고난과 불안으로 가득한 자기 삶 속에서도 항상 주변 사람에게 은혜와 평안을 빌어주면서 사랑과 복음을 계속 전했습니다. 결국 바울의 선교 활동은 바울이 죽은 후에 더 빛을 발했고 전 세계로 예수님의 가르침과 복음이 전파되었습니다. 수많은 나라에 기독교가 알려지고 많은 교회가 세워졌습니다. 바울은 예전에 이스라엘 나라가 맡았지만 실패했던, 축복의 통로 역할을 온전히 해냈습니다.

오늘날의 교회는 바울이 이룬 축복의 통로 역할, 즉 하나님 은혜를 세상 사람이 온전히 받게끔 돕는 역할을 제대로 감당할 필요가 있습니다. 교회는 믿음 구원과 사랑 은혜를 조화롭게 가르치고, 사람이 그 내용을 충분히 이해하고 실천하게 도우면서, 은혜의 길을 가도록 격려하고, 죄의 길에서 벗어나게 바로잡아 사람의 몸과 영혼이 건강하고 축복받으며 살게끔 해야 합니다. 바울이 해냈던 축복의 통로 역할을 오늘날 교회가 제대로 감당해 주길 기도합니다.

24. 요한

재림

요한과 저서

예수님의 제자 '요한'은 베드로처럼 원래 직업이 어부였습니다. 베드로가 자기 직업을 버리고 예수님의 제자가 되었을 때 요한도 제자가 되었습니다.

어느 날 예수님이 한 마을에 들어갔는데 마을 사람 아무도 예수님을 환영하지 않았습니다. 요한은 예수님에게 하나님 아들의 능력으로 그 사람들을 벌주라고 말했습니다. 사랑을 가르치러 온 예수님은 폭력을 요구하는 요한을 꾸짖었습니다. 이처럼 요한은 성격이 급하고 거친 사람이었습니다.

그런 성격을 가졌던 요한은 예수님 곁에서 생활하면서 점점 사랑을 배웠습니다. 게다가 예수님이 십자가에서 죽을 때 다른 제자는 모두 도망갔지만 요한은 끝까지 예수님 곁에 있었을 정도로 충성스러운 제자가 되었습니다.

부활한 예수님이 하나님 곁으로 다시 떠난 후에 요한은 『요한복음서』, 『요한서』, 『요한계시록』을 써서 복음을 전했습니다.

요한복음서에는 예수님이 하나님의 아들인 것, 예수님이 했던 많은 일들, 예수님을 믿음으로 구원받는 것이 주된 내용으로 들어있습니다. 특히 요한복음서에는 사람 사랑과 관계있는 가르침이 많습니다.

> 내 계명은 곧 내가 너희를 사랑한 것 같이 너희도 서로 사랑하라 하는 이것이니라.
>
> 〈요한복음 15장 12절, 예수님의 가르침〉

요한서는 사도 요한이 쓴 편지입니다. 총 3개의 편지가 있으며 사람이 서로 사랑하는 일을 많이 이야기합니다.

> 사랑하는 자들아 하나님이 이같이 우리를 사랑하셨은즉 우리도 서로 사랑하는 것이 마땅하도다.
>
> 〈요한일서 4장 11절, 요한의 가르침〉

예수님에게 사람 사랑을 배웠던 요한은 주변 사람에게 사람 사랑을 그대로 전했습니다. 어느덧 요한은 폭력의 사람에서 사랑의 사람으로 바뀌었던 것입니다.

하나님은 사람을 사랑했기에 예수님을 이 세상에 보내 영혼 구원과 사랑 가르침을 주었습니다. 그렇기에 사람도 하나님을 사랑해야 합니다. 요한은 사람이 믿음으로 구원받고 서로 사랑하며 지내는 것이 하나님을 사랑하는 일이라고 말했습니다.

사람 사랑을 제대로 하려면 자신과 가장 가까운 사람인 가족부터 시작하여 친구, 동료, 이웃으로 조금씩 그 범위를 넓혀 가야 합니다. 특히 상대방을 위해 많은 수고를 하고 괴로움을 참고 견디는 어려운 사랑보다 상대방을 함부로 대하지 않으면서 함께 살아가는 쉬운 사랑을 중심으로 해야 합니다. 그래야 오래오래 꾸준히 사랑할 수 있습니다.

재림

'계시'는 신이 사람에게 무언가를 알려주는 것을 뜻합니다. 어느 날 예수님은 환상을 통해 요한에게 세상 마지막에 관한 일을 알려주었습니다. 그 일을 기록한 책이 요한계시록입니다. 요한계시록에는 세상의 마지막 시기가 다가오면 예수님이 다시 세상에 오는 것을 예언합니다. 이것을 예수님의 '재림'이라고 말합니다.

요한계시록은 비유와 상징이 많아 사람마다 다르게 그 뜻을 해석할 수 있습니다. 특히 세상 마지막에 관한 내용을 다루기에 그 내용에 너무 빠져들면 불안함이나 두려움을 많이 느낄 수 있습니다. 요한계시록에 관심을 두는 것이 나쁜 일은 아니지만 지나치게 빠져들지 않게 조심할 필요가 있습니다. 세상이 언젠가 끝난다는 사실은 슬픈 일이지만 예수님이 다시 오신다는 사실은 기쁜 일이기도 합니다. 이왕이면 나중 세상의 끝을 생각하며 두려워하고 살기보다는 지금 세상에서 한 번이라도 더 사랑하며 사는 것이 좋겠습니다.

유대 사회의 멸망

유대 지역에서 예수님의 제자들이 복음과 사랑을 열심히 전했지만 유대인 대부분은 여전히 자신의 전통과 율법만 중요하게 여기며 생활했습니다. 유대인은 기독교인을 무시하고 괴롭히는 일을 계속했고, 암살단을 만들어 자기 민족끼리 싸우는 일을 저지르기도 했습니다. 유대 사회는 우상 숭배를 하지 않았을 뿐 점점 죄에 물들었습니다.

AD 70년경 사두개파 대제사장은 군대를 모으고 폭력 저항에 찬성하는 유대교 사람들과 힘을 모아 로마 제국에 정식으로 반란을 일으켰습니다. 반란은 실패했고 그 결과 예루살렘 도시와 성전이 또다시 파괴되었습니다. 유대인은 포로가 되거나 다른 지역으로 이주하게 되었습니다.

오래전 바벨론에 망했던 유대인은 로마 제국에 또다시 망했습니다. 그들은 예전의 잘못을 반복하지 않으려고 율법을 철저히 지키는 유대교를 따랐지만 사람 사랑에 실패하면서 율법도 자기 민족도 제대로 지키지 못했습니다. 유대인은 매우 어려운 일을 완벽하게 해내지 못해서 망하지 않았습니다. 예전의 이스라엘처럼 사랑 없고 죄에 물든 사회가 되었기에 망했습니다. 사람이든 사회든 사랑이 없어지면 하나님 은혜를 제대로 받지 못해 점점 그 존재가 사라지게 됩니다. 우리는 끊임없이 사랑을 주고받으면서 사랑 없는 사람, 사랑 없는 사회가 되지 않도록 합시다.

요한의 고난

바울의 선교 활동으로 로마 제국에 기독교를 따르는 사람이 매우 많아졌습니다. 로마 제국은 황제를 숭배하지 않는 기독교를 좋게 여기지 않았습니다. AD 64년에 로마 황제 네로는 수많은 기독교인을 강제로 붙잡고 탄압했습니다. 선교 활동을 하던 제자 요한도 기독교인으로 체포되어 외딴섬에 억지로 갇혀야만 했습니다.

요한은 예수님의 가르침과 복음을 열심히 전하고 살았지만 기독교가 제국에 탄압당하고 자기 민족이 망하는 것을 보면서 노인 시절을 보냈습니다. 그러나 요한이 죽은 후, 기독교를 탄압했던 로마 제국은 기독교를 자기 나라의 종교로 삼았습니다. 더 나아가 기독교는 온 세계로 뻗어나갔습니다.

바울과 요한은 자기 인생을 쏟아부었던 기독교가 큰 어려움을 겪는 것을 보았기에 그들은 기독교의 미래가 어둡게만 보였을지도 모릅니다. 하지만 바울과 요한의 시대에 기독교는 절대 망하고 있지 않았습니다. 로마 제국이 기독교를 괴롭혔지만 오히려 그 제국이 기독교를 온전히 받아들일 정도로 사랑의 기독교는 강했고 잘 자라고 있었습니다. 복음과 사랑을 위해 살았던 두 사람의 인생은 절대 헛되지 않았습니다.

오히려 세상에 큰 도움이 되었습니다.

　이처럼 사람이 보는 세상과 실제 돌아가는 세상은 매우 다를 수 있습니다. 사람의 눈과 생각은 한계가 있기 때문입니다. 그러니 세상이나 자기 인생이 어렵고 괴롭게만 보여도, 자기가 계획한 일이 자꾸 이상하게만 흘러가더라도 함부로 자기 인생을 판단하지 말고 예수님의 도우심을 믿고, 하나님의 은혜를 소망하며, 하나님과 사람을 사랑하는 삶을 살길 바랍니다.

> 주 예수의 은혜가 모든 자들에게 있을지어다.
>
> 〈요한계시록 22장 21절, 요한의 인사〉

부 록

1. 창조와 진화

기록의 한계

성경은 하나님이 세상을 창조했다고 말하고, 진화론은 세상이 우연히 만들어져 진화했다고 말합니다. 이 두 주장은 서로 어울리지 못하기에 항상 대립하는 관계로 남아있습니다.

사람이 과거에 무슨 일이 있었는지 확인하려면 과거의 상황을 기록한 증거물을 살펴봐야 합니다. 주로 글, 그림, 흔적이 그런 증거물이 됩니다. 문제는 이런 증거물을 확보해서 아무리 정교한 컴퓨터로 분석하더라도 과거의 상황을 흐릿하게 추측할 수 있을 뿐, 정확한 과거의 상황을 알지는 못한다는 것입니다. 증거물에 한계가 있기 때문입니다.

이런 이유로 과거를 아는 가장 좋은 증거물은 촬영된 사진이나 동영상입니다. 특히 동영상은 촬영하는 순간을 사실 그대로 계속 기록하기 때문에 매우 좋은 증거물이 됩니다. 하지만 카메라가 약 200년 전에 발명되었기에 그 이전 시대는 동영상 자료가 없다는 것이 문제입니다.

결국 과거 사실을 완벽하게 알려면 사진·동영상 장비를 챙겨 타임머신을 타고 과거로 돌아가 그 시대의 상황을 촬영하는 수밖에 없습니다. 이것은 결코 현실적인 방법이 되지 못합니다. 그러므로 사람이 정확한 과거를 아는 일에는 어쩔 수 없는 한계가 있습니다.

자세함의 한계

예를 들어 철수가 어제 쌀밥 한 그릇을 먹었다고 가정합시다. "철수가 어제 밥을 먹었다"라는 단순한 주장은 쉽게 확인할 수 있는 과거의 사실이 됩니다. 그런데 "철수가 어제 오후 6시~6시 30분 사이에 쌀 약 1,000톨이 든 밥을 먹었다"라는 자세한 주장은 확인하기 어려운 과거의 사실이 됩니다.

이처럼 과거의 어떤 사건이든 간단하게 말할수록 사실에 가까워지고 자세하게 말할수록 사실에서 멀어집니다. 아직도 세상에는 수천수만 년 전 사실이 아닌 몇 년 전, 몇 달 전 사실조차 제대로 파악하지 못하는 일이 수두룩합니다.

결국 과거에 대해 자세히 말할수록 그 말에 거짓이 포함되는 것을 피할 수 없습니다. 이것은 미래도 마찬가지입니다. 그러므로 사람이 정확한 과거를 아는 일에는 항상 한계가 있습니다.

사람 지식의 한계

부모가 일하면서 피부에 굳은살이 생겼다고 해서, 그 부모의 자녀가 굳은살이 생긴 채로 태어나지 않습니다. 부모가 사고 때문에 손가락 하나를 잃었다고 해서, 그 자녀가 손가락 하나가 없는 채로 태어나지 않습니다. 사람이나 생명체는 자기가 생활하면서 얻은 모양이나 성질을 자녀에게 넘겨주지 못합니다. 결국 어떤 생명체가 자연에 적응해서 신체 일부가 바뀐다고 하더라도 자신의 바뀐 특징이 자녀에게 이어지지 않습니다. 그러므로 생명체는 오랜 시간이 흘러 많은 세대가 지나도 변하기가 어렵습니다.

그런데 부모와 자녀는 서로 닮은 점이 많습니다. 이것은 부모의 모양이나 성질 중 많은 부분이 자녀에게 이어지는 것을 뜻합니다. 피부색, 눈 색깔, 혈액형 등이 그런 특징을 갖습니다. 사람이나 생명체는 태어나면서 받은 모양이나 성질을 자녀에게 일부분 넘겨줍니다. 이것을 유전이라고 합니다. 그런데 부모에서 자녀로 유전되는 모양이나 특징이 가끔씩 무작위로 변할 때가 있습니다. 그것을 '돌연변이'라고 합니다. 그러므로 생명체는 오랜 시간이 흘러 많은 세대가 지나면서 돌연변이가 계속 발생하면 변할 수 있습니다.

문제는 만약 원숭이의 돌연변이로 사람이 나타났다면 사람의 돌연변이로 원숭이가 되는 일 또한 나타나야 한다는 것입니다. 현실에서 80억 인구 중 사람이 원숭이 특징이 조금이라도 나타나는 자녀를 낳은 사례가 단 한 가지도 없습니다. 반대 사례도 마찬가지입니다.

결국 자연에 적응한다거나 돌연변이 발생으로 새로운 생명체가 만들어지고 변한다는 진화론은 생명체에 대한 과거의 사실을 여전히 제대로 설명하지 못합니다.

그렇다고 창조론이 생명체의 시작과 과정을 충분히 설명해 주는 것은 아닙니다. 창조론은 '하나님이 모든 일을 했다'라고 말하기에 딱히 설명하거나 증명하는 것이 없습니다. 창조 과학이란 분야가 있긴 하지만 진화론을 반박하는 수준이며 창조 자체를 증명하진 못합니다.

여전히 진화론이든 창조론이든 그 진실을 확실하게 설명하지 못하기에 양쪽은 끊임없이 서로 다투고 있습니다.

믿음의 대결

창조론은 창조 사건이 성경에 기록되었고, 세상과 생명체가 너무나 정교하고 복잡하기에 그 시작과 과정이 우연이 아니라 하나님이 직접 이끌었다고 믿는 것입니다. 진화론은 흙, 물, 공기, 광석이 섞여 우연히 운 좋게 생명체가 되고, 이런 우연과 운이 계속 만나 오늘날에 이르렀다는 주장입니다. 많은 과학자가 진화론에 찬성하므로 진화론을 과학적 증거에 따른 완벽한 사실로 생각하는 사람이 많습니다. 그러나 실제로는 많은 믿음이 필요한 일입니다.

결국 창조론과 진화론은 믿음과 과학의 대결이 아니라 믿음과 믿음의 대결로 봐야 합니다. 사실을 확인하는 일이라기보다 자기가 옳다고 여기는 쪽을 선택하는 일입니다.

믿음의 문제는 옳고 그름을 따질 필요가 없습니다. 자기 생각과 다르다고 비난할 필요도 없습니다. 그저 자기가 옳다고 생각하는 쪽을 받아들이면 됩니다. 그 대신 완벽한 과거의 사실을 모르는 상황에서 자기가 선택한 쪽을 완벽한 사실로 주장하는 것은 거짓말이 될 수 있기에 조심해야 합니다.

사람의 주장이 서로 대립할 때는 거짓말을 한 쪽이 불리합니다. 창조와 진화의 대결에서 자신의 옳음을 무리하게 주장할수록, 상대방을 억지로 깎아내릴수록 자신이 만들어 내는 거짓말이 점점 늘어납니다. 그러면 자기 쪽 손해만 계속 커질 뿐입니다. 창조와 진화의 문제에서는 "나는 내가 정한 쪽을 믿을 뿐이다"라고 말하는 것이 가장 좋습니다.

생존과 사랑

진화론의 핵심은 생존입니다. 무슨 수를 써서라도 생존하는 것을 중요하게 여깁니다. 그러나 창조론의 핵심은 하나님입니다. 하나님은 사랑이기에 서로 사랑하는 일을 중요하게 여깁니다. 생존과 사랑이 창조와 진화의 가장 큰 차이입니다.

진화론은 약하고 부족한 생명체가 탈락하는 것을 당연하게 여깁니다. 그러나 하나님은 반복해서 죄를 저질렀던 약하고 부족한 사람을 사랑했기에 그 아들 예수님을 세상에 보냈습니다. 하나님을 믿는 사람은 자신의 생존만을 중요하게 여기면서 살기보다 사랑으로 살아야 합니다. 그리스도인은 다른 사람을 괴롭게 하거나 사회를 망가뜨리면서 자기 이득을 많이 챙겨 생존하려고 해선 안 됩니다. 가정을 꾸려 자기 가족을 사랑하고 주변의 어려운 사람을 하찮게 여기지 말고 조금씩 도우며 사랑으로 살아야 합니다. 이기적으로 살면 절대 자신도 사회도 잘 살 수 없습니다. 사랑으로 살아야만 자신도 사회도 번영할 수 있습니다.

2. 이단과 사이비

갈래와 사이비

기독교는 성경과 복음을 가르치고 전하는 종교입니다. 사람마다 성경과 복음의 해석이 조금씩 달랐기에 기독교에는 여러 갈래가 있습니다. 기독교에는 가톨릭교와 개신교라는 갈래가 있고, 개신교에도 장로교, 감리교, 침례교 등 여러 갈래가 있습니다.

그런데 기독교에는 여러 갈래 외에 이단과 사이비가 있습니다. 이단은 성경과 복음의 해석이 비상식적으로 특이한 것을 말하고, 사이비는 겉으론 기독교로 보이나 실제론 기독교가 아예 아닌 것을 말합니다. 특히 사이비는 그 폐해가 심하기에 조심할 필요가 있습니다.

사이비 특징

사이비에는 주로 자기를 하나님의 아들 혹은 신으로 부르는 사람이 있습니다. 과거에 예수님이 활동할 때 자신을 하나님의 아들로 주장했던 것을 따라 하는 행동입니다.

예수님은 사람들에게 돈을 모으게 하거나, 건물을 짓거나, 사회 정치가와 관계를 맺거나, 거짓말을 시키거나 하는 일을 절대 하지 않았습니다. 예수님은 사랑의 기적을 보여 주고, 사랑을 가르치고 행하면서 자신이 하나님의 아들임을 증명했습니다.

사람마다 성경 해석이 조금씩 다를 수 있어도 그 정도가 상식에 많이 벗어나는 것은 큰 문제가 됩니다. 성경은 매우 오래전에 기록된 책이기에 기록된 시기의 역사나 문화를 알아야 이해하기 좋습니다. 하지만 그런 배경을 몰라도 성경의 기본적인 내용은 상식만 있다면 충분히 이해할 수 있습니다. 성경은 암호로 된 글이 아니며, 전문 지식을 다루는 글도 아니고, 과거의 사건을 그대로 서술한 글이기 때문입니다.

성경에 기록되지 않은 내용을 지나치게 많이 다루거나, 성경을 심하게 과장해서 이해하거나, 시도 때도 없이 비유적으로 해석하는 것은 매우 좋지 않습니다. 성경은 있는 그대로 봐도 충분히 그 내용과 복음을 알 수 있습니다.

오해할 수도 있는 성경 내용

물론 성경에는 해석에 따라 오해할 만한 내용이 있기도 합니다.

젊은 나이에 성공한 부자 청년이 예수님에게 영원한 생명을 얻는 방법을 물었습니다. 영원한 생명을 얻는 것은 자기 영혼이 천국에 들어가는 구원을 뜻합니다. 예수님은 청년에게 십계명 중 인간 사랑 명령을 지키라고 말했습니다. 청년은 그 명령을 성실하게 지키고 있다고 대답했습니다. 그러자 예수님은 청년에게 자기 재산을 모두 팔아 가난한 사람에게 주고 예수님의 제자가 되라고 말했습니다.

> 가서 네게 있는 것을 다 팔아 가난한 자들에게 주라 그리하면 하늘에서 보화가 네게 있으리라 그리고 와서 나를 따르라 하시니.
>
> 〈마가복음 10장 21절〉

부자 청년에게 자기 재산 전부를 처분하여 어려운 사람을 도우라는 예수님의 명령은 십계명이나 유대교 율법에 없는 일이었습니다. 이상하게도 예수님은 유독 부자 청년에게만 감당하기 매우 힘든 일을 시켰습니다. 청년은 그 명령을 따르지 못하고 돌아갔습니다. 그러자 예수님은 제자들에게 이렇게 말했습니다.

> 예수께서 그들을 보시며 이르시되 사람으로는 할 수 없으되 하나님으로는 그렇지 아니하니 하나님으로서는 다 하실 수 있느니라.
>
> 〈마가복음 10장 27절〉

예수님은 구원이 사람의 의지나 노력으로 되는 것이 아님을 가르치기 위해 일부러 청년에게 매우 어려운 명령을 내린 것이었습니다.

예수님의 말을 들은 베드로는 자신은 이미 모든 것을 버리고 예수님을 따랐다고 말했습니다. 베드로는 자기가 사람으로서 감당할 수 없는 일을 해냈고 자기가 부자 청년보다 낫다고 주장한 것이었습니다. 그러자 예수님은 베드로에게 예수님과 복음을 위해 가족을 버린 사람은 구원받는다고 말했습니다.

> 나와 복음을 위하여 집이나 형제나 자매나 어머니나 아버지나 자식이나 전토(재산)를 버린 자는 현세에 있어 집과 형제와 자매와 어머니와 자식과 전토를 백 배나 받되 박해를 겸하여 받고 내세에 영생을 받지 못할 자가 없느니라.
>
> 〈마가복음 10장 29~30절〉

베드로에게 가족을 버리라는 예수님의 명령은 십계명의 '부모 공경'에 어긋나며 무엇보다 사람을 사랑하는 일이 아닙니다. 예수님은 자신만만했던 베드로에게도 일부러 매우 어려운 명령을 내려 구원은 사람이 자기 마음대로 다루지 못하는 일임을 가르쳤습니다.

예수님이 베드로에게 한 말은 만약 자기 가족이 복음을 거부했을 때 가족을 따라 자기 믿음까지 포기하지 말라는 뜻으로 볼 수 있습니다. 혹은 목사 같은 목회자가 가져야 할 마음가짐으로 볼 수도 있습니다.

하지만 예수님을 따르려면 일부러 가족을 버려야만 한다고 이해하는 것은 예수님의 기본 가르침에 심각하게 벗어나는 일입니다. 예수님은 영혼 구원을 위해 자기 재산을 모두 나눠주는 희생, 가족을 버리는 의지를 요구하지 않았습니다. 이것은 예수님께서 항상 사랑을 가르치고 행했다는 것만 기억하면 절대 오해하지 않을 내용입니다.

그런데 일부 이단이나 사이비는 예수님의 이 가르침을 천국에 가려면 "자기 재산 모두를 예수님에게 바쳐라", "가족과 다투고 가족을 버려라"라고 설명합니다. 게다가 이런 일을 해야만 특별히 선택된 사람이 된다고 말하기도 합니다.

자신을 신이라고 말하는 사람을 함부로 따르다가 나중에 그 사람이 신이 아니라고 밝혀지면, 그동안 그 사람을 따른 일은 우상 숭배의 죄가 됩니다. 거짓말로 사람을 속이고, 재산을 빼앗고, 가정을 다투게 만드는 일은 사람 괴롭힘의 죄의 길입니다. 이런 길을 이끄는 기독교 지도자나 집단은 진정한 기독교가 아닌 사이비입니다.

예수님은 구원을, 은혜를, 사랑을 얻기 위해 죄를 저질러도 된다고 절대 가르치지 않았습니다. 사람을 속이거나 슬프게 하거나 돈으로 유혹하거나 괴롭히거나 다투게 만드는 방법은 아무리 좋은 목표를 위한다고 해도 하나님이 보기에 나쁜 일인 죄가 됩니다. 예수님은 사람이 어떤 일을 하든 그 의도, 방법, 결과 모두 사랑으로 해야 한다고 가르쳤습니다. 이것만 알아두어도 자신이 올바른 신앙생활을 하는지 사이비에 휘둘리고 있는지 확인할 수 있습니다.

3. 생활속 성경 인물의 이름

한국식 이름	영문	미국식 이름	관련 유명인/기업	
아담	Adam	애덤	애덤 스미스	영국 경제학자
가인	Cain	케인	로렌조 케인	미국 야구 선수
노아	Noah	노아	노아 센티네오	미국 배우
아브라함	Abraham	에이브러햄	에이브러햄 링컨	미국 대통령
사라	Sarah	세라	세라 제시카 파커	미국 배우
이삭	Isaac	아이작	아이작 뉴턴	영국 물리학자
리브가	Rebecca	레베카	레베카 퍼거슨	스웨덴 여배우
야곱	Jacob	제이콥	제이콥 엘로디	호주 배우
라헬	Rachel	레이첼	레이첼 맥아담스	캐나다 여배우
유다	Judah	주다	주다 프리드랜더	미국 코미디언
요셉	Joseph	조셉	조셉 스탈린	소련 정치인
모세	Moses	모세	모세 말론	미국 농구 선수
여호수아	Joshua	조슈아	조슈아 트리컴퍼니	미국 커피 회사
기드온	Gideon	기디온	기디온	의학 데이터베이스
삼손	Samson	샘슨	샘소나이트	미국 가방 회사
사무엘	Samuel	새뮤얼	사무엘 L. 잭슨	미국 배우
다윗	David	데이비드	데이비드 베컴	영국 축구선수
솔로몬	Solomon	솔로몬	솔로몬 제도	나라 이름
엘리야	Elijah	일라이저	일라이저 우드	미국 배우
이사야	Isaiah	아이재아	아이재아 토마스	미국 농구 선수
에스더	Esther	에스더	에스더버니	캐릭터 브랜드
베드로	Peter	피터	피터 잭슨	뉴질랜드 영화 감독
바울	Paul	폴	폴 매카트니	영국 뮤지션
요한	John	존	존 F. 케네디	미국 정치인
안드레	Andrew	앤드루	앤드루 카네기	미국의 사업가
야고보	James	제임스	제임스 카메론	캐나다 감독
빌립	Philip	필립	필립 모리스	미국 담배 회사
도마	Thomas	토마스	토마스 에디슨	미국 발명가
마태	Matthew	매튜	매튜 페리	미국 배우
유다	Jude	주드	주드 로	영국 배우
시몬	Simon	시몬	시몬 볼리바르	남미 독립운동가
누가	Luke	루크	루크 윌슨	미국 배우

큰 은혜 성경보기

짧게 쉽게 편하게 보는 성경

초판 **1쇄 발행** 2024년 4월 8일

지은이 문은석
디자인 권디자인랩

펴낸곳 빅블레스
펴낸이 문은석
등 록 제2024-000001호(2024.1.3.)
주 소 서울시 동대문구 망우로 67 904호
전 화 010 4879 9297
팩 스 0504 244 9297
이메일 zeraod01@daum.net

ISBN 979-11-986355-0-1
책값 12,000원